Darryl Cheng

# Grünes Zuhause



GOLDMANN
Lesen erleben

Darryl Cheng

# GRÜNES ZUHAUSE

Der Survial-Guide
für Zimmerpflanzen

Aus dem Amerikanischen
von Imke Brodersen

GOLDMANN

Die amerikanische Originalausgabe erschien 2019 unter dem Titel »The New Plant Parent«
bei Abrams Image, einem Imprint von Harry N. Abrams, Incorporated, New York.



Dieses Buch ist auch als E-Book erhältlich.

1. Auflage
Deutsche Erstausgabe April 2021

Dieses Werk wurde vermittelt durch die Literarische Agentur Thomas Schlück GmbH, 30161 Hannover.
Illustrationen: © 2019 Jeannie Phan
Umschlag: UNO Werbeagentur GmbH
Umschlagmotiv: © Darryl Cheng
Redaktion: Andrea Kalbe
Satz: Uhl + Massopust, Aalen
Druck und Bindung: Alcione, Trento
Printed in Italy
KW · IH
ISBN 978-3-442-17900-8

Besuchen Sie den Goldmann Verlag im Netz

# Inhalt

# Teil I
# Pflanzenpflege: Die Grundlagen

Ein Messingtopf unterstreicht das Grün des Nestfarns *(Asplenium nidus)*.

## 1. Der grüne Blick

Die allererste Tagline für mein Blog *House Plant Journal* lautete: »A journal for my house plants« (Ein Tagebuch für meine Zimmerpflanzen). Diese Beschreibung war definitiv redundant, aber ich wollte hervorheben, dass es mir um persönliche Erfahrungen mit meinen Zimmerpflanzen ging. Zuzusehen, wie sie wuchsen und sich veränderten, machte mir Freude. Anfangs beschaffte ich mir Bücher und las im Internet nach. Doch bei den Hinweisen zur Pflanzenpflege ging es meist nur um den optischen Eindruck. Die Pflege der Zimmerpflanzen galt als Pflichtprogramm, bei dem das Erkennen und Lösen von Problemen im Vordergrund stand. Wie bereichernd ein Leben mit Zimmerpflanzen langfristig sein kann, wurde kaum thematisiert. Ich fand haufenweise Pflegetipps, die zu der Überzeugung verleiten mussten, Zimmerpflanzen seien entweder ohne jede Rücksicht auf die Umgebung kinderleicht zu pflegen oder aber empfindsame Diven, die jederzeit abzusterben drohen, wenn man sie nicht alle fünf Minuten sorgfältig mit Wasser besprüht.

Pflegeanweisungen beziehen sich in der Regel auf eine individuelle Pflanzenart. Solche Hinweise klingen wie ein Backrezept, das perfekte Ergebnisse verspricht. Ergänzend werden die angeblichen Schwächen einer Pflanze hervorgehoben, und es erfolgen Schuldzuschreibungen wie »zu viel gegossen« oder »zu wenig gegossen«, falls man diese nicht berücksichtigt. Solche Ratschläge förcern die unrealistische Vorstellung, dass eine Pflanze eigentlich immer gleich aussehen beziehungsweise zu einem Prachtexemplar heranwachsen sollte. Der Satz »Diese Pflanze ist robust« nährt das Gefühl, versagt zu haben, wenn ein paar Blätter gelb werden und abfallen.

In meinen Augen ist bei der Pflanzenpflege ein Umdenken erforderlich. Als ich meine Erfahrungen mit Zimmerpflanzen dokumentierte, wollte ich in erster Linie verstehen, welche Umweltfaktoren für

**LINKS:** Ältere Blätter an diesem Drachenbaum fallen von Natur aus ab, sobald an der Spitze neue sprießen. Jeder Ring an diesem Stamm zeugt von einem alten Blatt. Achten Sie also auf Ihre Wachstumsbedingungen und lassen Sie der Natur ihren Lauf: Alte Blätter fallen ab.

ein Erfolgserlebnis am wichtigsten sind. Es ging mir nicht um Perfektion. Ich wollte einfach sichergehen, dass ich alles tat, was in meiner Macht stand – und meine Pflanze ebenfalls. Deshalb ging ich mein Hobby ingenieursmäßig an: Ich wollte meine Pflegemaßnahmen so optimieren, dass die Pflanzen richtig zufrieden sein konnten. Mit diesem Buch möchte ich andere ermuntern, die Umgebungsbedingungen in ihrem Zuhause zu verstehen, genau zu beobachten und zu akzeptieren, was die Natur daraus macht. Neben Wissen geht es auch um die Frage, was angesichts der persönlichen Umgebung zu erwarten ist, wenn man sich nach Kräften bemüht. Und ich möchte meinen Lesern und Leserinnen helfen, sich von überholten Gewohnheiten und Denkweisen zu lösen, damit sie sich unbeschwert an ihren Pflanzen erfreuen können.

**OBEN:** Bogenhanf gilt als »genügsam«, weil er seine breiten Blätter selbst mehrere Meter vom Fenster entfernt über Jahre erhalten kann. Zugleich muss man ihn an solchen Stellen, wie Sie bald sehen werden, auch seltener gießen.

## Genügsam oder anspruchsvoll: Was erwarten Sie?

Pflanzenkenner behaupten gern, mit manchen Pflanzen könne man nichts falsch machen. Aber wann gedeiht eine spezielle Pflanze tatsächlich? Natürlich spielt es eine Rolle, wie geduldig und akribisch man sich der Pflanzenpflege widmet, aber ebenso wichtig sind Ihre Erwartungen an die Pflanze.

Manche Pflanzen brauchen viel Beachtung, um nicht dauerhaft Schaden zu nehmen, weil sie leicht welken. Insbesondere Blattpflanzen wie das Einblatt oder der Frauenhaarfarn reagieren sehr empfindlich, sobald ihr Substrat vollständig austrocknet. Durch ein ausgiebiges Tauchbad kann das Einblatt sich wieder erholen, der Frauenhaarfarn hingegen nicht unbedingt. Daher gelten Pflanzen, die leicht

**RECHTS:** Wenn ein Palmwedel trotz aller Mühe gelb wird – ist diese Palme dann anspruchsvoll? Ist ein gelegentliches Absterben von Blättern wirklich inakzeptabel?

umzubringen sind, als eher anspruchsvoll, und manche Arten muss man aufmerksamer im Blick behalten als andere. Glücklicherweise verzeihen uns die meisten gängigen Zimmerpflanzen eine ganze Menge.

Wer nicht bereit ist, etwas Zeit und Energie auf die Pflanzenpflege zu verwenden, dürfte es mit gewissen Pflanzen schwer haben. Aber auch wenn man sich sehr viele (und große!) Pflanzen anschafft, kann es arbeitsintensiv und damit anstrengend werden, wenn einem die Pflege keinen Spaß macht. Spätestens, wenn man allein fürs Gießen eine Stunde lang Töpfe umherträgt, wird einem die Pflanzenpflege aufwändig vorkommen. Dieses Buch zeigt, wie man Pflanzen so unterbringt, dass sie sich ohne großen Aufwand gießen und pflegen lassen.

Sie möchten, dass jede Pflanze ständig »schön« aussieht und nie ein Blatt verliert? Dann erscheint wohl jede Pflanze anspruchsvoll. Das liegt allerdings an einer unerfüllbaren Erwartungshaltung – stellen Sie sich einfach darauf ein, hin und wieder alte Blätter zu entfernen. Nur wenn alte Blätter absterben, kann die Pflanze sich auf die Bildung neuer Blätter konzentrieren. Die meisten Pflanzen entwickeln sich aller Bemühungen zum Trotz nicht absolut perfekt, und sobald sie sich auf Ihre häusliche Umgebung einstellen, verändern sie sich. Wer von vornherein damit rechnet, weiß die Findigkeit und den Charakter des eigenen Exemplars mehr zu schätzen.

Zudem erscheint jede Pflanze anspruchsvoll, deren Bedürfnisse wir nicht verstehen. Bekommt sie genug Licht, um zu gedeihen (oder auch nur zu überleben)? Können Sie die Bodenfeuchtigkeit beurteilen? Wissen Sie, wie man eine Pflanze richtig gießt? Mit diesem Buch möchte ich Ihnen Zuversicht vermitteln – nach der Lektüre tappen Sie nicht mehr im Dunkeln. Mit einem besseren Verständnis für Ihre Standortbedingungen und Pflegemethoden erscheinen viele Erlebnisse mit Zimmerpflanzen plötzlich als harmlos und nicht lebensbedrohlich: Nicht die Pflanze hat ein Problem, sondern ihr Besitzer oder ihre Besitzerin. Wer die eigenen Erwartungen verändert und akzeptiert, was die Natur bereithält, kann sich viele Jahre an seinen Pflanzen erfreuen.

**LINKS:** Ein Fensterblatt macht bei ausreichend Platz viele Jahre lang Freude!

## Die Anpassungsphase

Die meisten Zimmerpflanzen werden vor dem Kauf unter Bedingungen herangezogen, die sich zu Hause kaum imitieren lassen. Daher muss sich jede Pflanze in der häuslichen Umgebung zunächst anpassen. Je stärker der Unterschied zwischen den Zuchtbedingungen und dem späteren Standort, desto mehr beeinflusst dieser Zeitraum die Pflanze. Den größten Einfluss auf die Anpassungsphase hat das Licht. Bei ausreichender Wasserversorgung und Belüftung ist es der ausschlaggebende Faktor für Wachstumstempo und Wachstumsrichtung. Und dabei geht es nicht bloß um »wenig Sonne«, sondern darum, dass Wände und Decke eines Gebäudes das Himmelslicht blockieren.

Während der Anpassungsphase besteht das Risiko, dass ältere Blätter gelb werden, die Blattspitzen sich braun verfärben und absterben, aber auch, dass sich lange dünne Triebe oder einseitige Wachstumsmuster entwickeln. Nach ein paar Wochen oder Monaten stellt sich ein neues Gleichgewicht zwischen absterbenden und neuen Blättern ein – die Pflanze hat sich vorläufig stabilisiert. Danach nimmt sie in der Regel eine neue Form an, die perfekt zum neuen Standort passt. Die nächste Anpassung erfolgt, sobald ein Umtopfen ansteht oder neue Erde nachgefüllt wird. Sie haben die Wahl: Entweder lassen Sie sich von den Veränderungen Ihrer Pflanzen frustrieren, oder Sie begleiten die Anpassungsphase aufmerksam, indem Sie tote Blätter entfernen und auf die gewünschte Form hinarbeiten.

## Subjektive Lebensspanne

Der Zeitraum, in dem man sich an einer Pflanze erfreuen kann, ist nicht dasselbe wie ihre maximale Lebenserwartung. Deshalb spreche ich gern von der subjektiven Lebensspanne. So wie sehr junge Pflänzchen noch nicht verkaufsreif sind, weil sie zu klein und wenig ansprechend wirken, kann eine gesund gewachsene Pflanze irgendwann ein Stadium erreichen, in dem sie ästhetisch nicht mehr überzeugt oder nur noch schwer zu versorgen ist. Manche Pflanzen sind nach einer Weile einfach nicht mehr »schön«, obwohl sie durchaus noch am Leben sind. Wie alles Lebendige unterliegen auch Pflanzen Veränderungen. Mit ein wenig Glück hat man viele Jahre Freude am Wachsen und Blühen einer Pflanze oder kann sie gar vermehren. Irgendwann jedoch braucht sie Hilfe. Dann gibt es verschiedene Möglichkeiten, darunter ein Rückschnitt oder das Vermehren über Triebspitzen oder Seitentriebe (»Kindel«). Mit dem Wissen, wie eine Pflanze wächst und sich vermehrt, kann man ihr Leben verlängern. Gartenfreunde kennen den Unterschied zwischen einjährigen und mehrjährigen Pflanzen. Ähnliche Prinzipien gelten auch für Zimmerpflanzen. Auch sie durchlaufen unterschiedliche Lebenszyklen, die man kennen sollte – denn sie sind keine Skulpturen, sondern Lebewesen.

Es gibt wunderbar langlebige Zimmerpflanzen, die im Einzelfall sogar über Generationen weitervererbt werden. Diese scheinbare Unsterblichkeit wird auf zweierlei Weise erreicht: Zum einen lassen sich die ästhetischen Aspekte solcher Pflanzen über ihre gesamte Lebensspanne hin erhalten (mal mit, mal ohne Rückschnitt), zum anderen bilden sie Ableger, bei denen es sich letztlich um Klone handelt. Einige dieser Arten werde ich hier vorstellen, aber ich erkläre auch, wie sich nicht mehr so ansprechende Pflanzen regenerieren lassen.

## Bloß nicht »ertränken«?

Bei meinen ersten Zimmerpflanzen begegnete mir immer wieder die Warnung, »sparsam« zu gießen. Dieser Hinweis suggeriert, dass weniger Wasser im Zweifelsfall besser ist. Doch was bedeutet das konkret? Geht es darum, regelmäßig nur ein bisschen zu gießen? Oder darf die Erde nie richtig nass sein? Weil dieser Rat selten von genaueren Hinweisen begleitet wird, gießen die meisten Leute solche Pflanzen nur sehr zurückhaltend. Außerdem neigen viele zu der Annahme, dass Gießen als Pflegemaßnahme ausreichen sollte. In diesem Buch werden Sie erfahren, dass der Wasserbedarf einer Pflanze von der Lichtmenge abhängig ist und inwiefern eine gute Belüftung die Bodenstruktur verbessert. Mit dem passenden Licht und glücklichen Wurzeln kann die Pflanze arbeiten. Und wenn die Pflanze arbeitet, kann sie auch ihr Wasser sinnvoll einsetzen.

## Schattig oder lichtlos?

Das Wichtigste, was ich mit diesem Buch vermitteln möchte, ist ein Gefühl für die Lichtintensität, die bei einer Pflanze ankommt. Denn Pflanzen leben in erster Linie nicht von Dünger, sondern von Licht – aus dem Nährstoff Licht bilden sie Kohlenhydrate. In Blogartikeln geht es gern um »Die zehn besten Zimmerpflanzen für schattige Standorte«, oder man liest »gedeiht auch bei wenig Licht«, aber die Definition von »wenig Licht« (und von Gedeihen!) bleibt recht nebulös. Ein schattiger Standort ist zumeist heller, als man denkt. Wenn ein Gärtner sagt, eine Pflanze wäre schattentauglich, bezieht er sich auf eine Tageshöchstdosis von 500 bis 1000 Lux. Die künstliche Beleuchtung in Ihrem fensterlosen Büro mag Ihnen hell erscheinen, liefert aber vielleicht nur 300 Lux. Eine Schattenpflanze kann unter derartigen Bedingungen vielleicht überleben, aber gedeihen wird sie kaum. Wer die erschütternde Anpassungsphase einer solchen Pflanze miterlebt, in der 80 bis 90 Prozent der Blätter absterben, erklärt sie danach in der Regel für tot.

Hinzu kommt, dass eine Pflanze bei schlechten Lichtverhältnissen meist deutlich weniger Wasser benötigt als bei hellem Licht. Sobald Sie einen Blick dafür entwickeln, wie man die eigenen Pflegemaßnahmen auf die standortangepassten, individuellen Bedürfnisse einer Pflanze abstimmt, sind Sie deutlich unabhängiger von den jeweiligen Anleitungen, die im Internet kursieren.

**UNTEN:** Dünger hilft der Pflanze in der Wachstumsphase. Sie wächst aber nicht vom Dünger, sondern durch das Licht.

## Wozu überhaupt mit Pflanzen zusammenwohnen?

In der Natur herrscht ein Gleichgewicht zwischen Leben und Sterben, Schönheit und Verrotten, Wachstum und Welken. Eine geschickt platzierte Pflanze bietet nicht nur einen schönen Anblick, sondern vermittelt auch Zufriedenheit, weil man ihre Bedürfnisse befriedigt, ihr beim Wachsen zusieht *und sogar, weil man ihren Verlust betrauert.* Mit dem nötigen Verständnis für die Anpassungsphase und die subjektive Lebensspanne von Zimmerpflanzen reagiert man nicht gleich enttäuscht, wenn eine Pflanze sich verändert. Deshalb hoffe ich, dass Sie den individuellen Charakter, den eine Pflanze nach jahrelanger Pflege ausprägt, bald besser zu schätzen wissen. Und wenn Sie nach einer Weile das Interesse an der einen oder anderen Pflanze verlieren, können Sie diese immer noch verschenken oder Ableger ziehen. Konzentrieren Sie sich auf Ihre Umgebung, unterstützen Sie Ihre Hausgäste nach Kräften und lassen Sie der Natur ihren Lauf. Genau darin liegt das Geheimnis eines grünen Daumens.

Sobald wir uns mehr auf das Wachstum der Pflanze konzentrieren als auf ihr aktuelles Aussehen, entsteht eine erfüllendere Verbindung.

## 2. Die passende Umgebung

Wenn Sie sich auf Instagram auf den größten kuratierten Zimmerpflanzen-Accounts, @urbanjungleblog und @houseplantclub, umsehen, ist die Wirkung vitaler Pflanzen in der häuslichen Umgebung augenfällig. Ein solcher Ort erscheint uns gesund und einladend. Und für mich ist auf Anhieb zu spüren, ob man bei echten Pflanzenliebhabern gelandet ist oder ob jemand beschlossen hat, eine dunkle Ecke mit einer Pflanze »aufzuhellen«.

Wieso? Weil das Erscheinungsbild einer Pflanze eine unmittelbare Folge der Umgebung ist, die man ihr zugesteht. Deshalb tut es mir geradezu körperlich weh, wenn ich an einem Kübel hübscher Pflanzen vorbeigehe, der im Einkaufszentrum unter der Rolltreppe steht. »Die erleiden hier einen Tod auf Raten«, sagt eine befreundete Zierpflanzengärtnerin dazu. Damit eine Pflanze sich an einem Ort wohlfühlt, braucht sie das richtige Licht.

Musée National
Message Biblique
Marc Chagall
Nice

**OBEN LINKS:** Zimmerpflanzen werden häufig in dunkle Ecken gestellt, weil jemand »Schatten« mit »lichtfrei« verwechselt. Dieser Efeutute steht ein klägliches Leben bevor.

**OBEN RECHTS:** Ich habe die Efeutute gerettet, indem ich einen neuen Platz für sie suchte. Durch das Dachfenster bekommt sie nun helles, indirektes Licht.

**RECHTS:** Pflanzen sehen meist besser aus, wenn man sie dort fotografiert, wo sie tatsächlich wachsen. Sie signalisieren: »Hier gehören wir hin!« Der entscheidende Faktor ist das Licht.

**LINKS:** Das Fensterblatt ist ein Dauerbrenner.

**UNTEN:** Holz und Terrakotta harmonieren immer mit Pflanzen.

## Wie Pflanzen Räume erobern

Das Konzept der Sukzession beschreibt in der Biologie, wie verschiedene Pflanzenarten schrittweise brachliegende Lebensräume besiedeln, bis eine Wiese oder ein Wald entstehen. Ähnliche Zyklen lassen sich auch im häuslichen Umfeld beobachten, wenn Pflanzenliebhaber ein Gefühl für die Natur entwickeln.

### Phase 1

Die Zimmerpflanzensukzession beginnt vielleicht mit einer einzigen Pflanze, deren Form und Blattwerk einen Hingucker im Raum darstellen. Dabei kann das Pflanzgefäß die Wirkung harmonisch unterstreichen oder aber unscheinbar bleiben (weil die Pflanze im Zentrum steht). Ein klassisches Beispiel ist eine große Bodenpflanze mit strukturiertem Blattwerk wie eine *Dracaena fragrans*. Doch auch eine kleinere Efeutute kann am passenden Ort sehr apart sein. So ein einzelnes Exemplar muss sich stets von der besten Seite zeigen, sodass man hier etwas wählen sollte, was bei minimalem Aufwand präsentabel bleibt. Der Lichtbedarf erfordert häufig Kompromisse beim Dekor, doch Sie werden bald in der Lage sein, einer Pflanze den passenden Ort zuzugestehen.

### Phase 2

Wer dann weitere Pflanzen kauft, muss notwendigerweise bestimmte Bereiche reservieren, um sie gruppenweise zu präsentieren, ob auf einem Pflanzregal oder auf der Fensterbank. Achten Sie darauf, dass jede Pflanze zumindest indirektes, helles Licht bekommt, also irgendwie Kontakt zum Himmel hat. Aufeinander abgestimmte Übertöpfe erzeugen ein einheitlicheres Bild. Scheuen Sie sich aber nicht vor einzelnen Akzenten. Bei der Einbeziehung von Wandflächen sind Kompromisse zwischen dekorativen Aspekten, Wachstumsbedingungen und Erreichbarkeit (für die Pflege) erforderlich.

①

②

③

## Phase 3

Inzwischen leben Sie in einem wahren Blätterwald. In diesem Stadium sind die Töpfe zweitrangig und werden eher danach gewählt, ob man sie praktisch gießen oder Pflanzen darin in Gruppen arrangieren kann. So wie ein Wald von der Form seiner Bäume geprägt ist, verleihen auch ausgewachsene Zimmerpflanzen einem Raum seine Ausstrahlung. In Bezug auf die Innenarchitektur teilen sich die Meinungen jetzt zwischen »überwuchert« und »hinreißend«. Ein derart grünes, vor Vitalität strotzendes Zimmer vermittelt die Botschaft: »Wir wachsen hier seit vielen Jahren glücklich vor uns hin!«

**RECHTS:** Manchmal zählt Altersweisheit mehr als Fülle. Diese Treppe beherbergt nur ein Dutzend Pflanzen. Das Besondere daran ist, wie sie sich an ihren Standort angepasst haben.

**UNTEN:** Der ausgewachsene Dschungel ist mehr als ein Zimmer voller Pflanzen. Es handelt sich um einen tropischen Innengarten, in dem sich die Pflanzen ihre Umgebung erobern dürfen.

**RECHTS UND UNTEN:** Ein Wintergarten, randvoll mit Pflanzen, akzentuiert von einzelnen älteren Exemplaren.

## Stilfragen

**LINKS:** Das sind nicht meine Sukkulenten, aber gut gepflegte Pflanzen weiß ich zu schätzen.

**UNTEN:** Mir kommt es mehr auf die Vielfalt an Farben, Formen und Mustern tropischen Blattwerks an.

Bei Pflanzen sind die Geschmäcker so unterschiedlich wie bei Musik. Ich habe eine Vorliebe für das Blattwerk tropischer Pflanzen. Deshalb stelle ich in Teil II dieses Buches vor allem solche Exemplare vor. Die Grundlagen der Pflanzenpflege aus Teil I lassen sich jedoch auf alle Pflanzenarten übertragen. Denn die Grundbedürfnisse lauten stets: das richtige Licht, Wasser nach Bedarf und Bodenbearbeitung für glückliche Wurzeln. Wer diese Prinzipien verinnerlicht, kann jegliche Pflanze ergründen. Bei ganzheitlicher Herangehensweise entwickelt man Vertrauen in die eigene Beobachtungsgabe und Erfahrung, merkt selbst, wie bestimmte Pflanzen auf die häusliche Umgebung ansprechen, und kann entsprechend umsichtig reagieren.

## 3. Zimmerpflanzen verstehen

Um verständnisvoll auf Pflanzen einzugehen, sollte man ihre Funktionsweise kennen. Im Mittelpunkt steht dabei die *Fotosynthese*. Über Fotosynthese verwandelt eine Pflanze Lichtenergie in chemische Energie und erzeugt dadurch Kohlenhydrate, also Zuckerketten. Sobald ein Photon auf das Chlorophyll trifft – den grünen Farbstoff in den Blättern –, setzt es eine Reaktion zwischen dem Kohlendioxid in der Luft und dem Wasser im Blatt in Gang. Bei dieser Reaktion entstehen Sauerstoff und Kohlenhydrate. Den Sauerstoff gibt die Pflanze ab (was praktisch für uns ist, weil wir Sauerstoff einatmen), die Kohlenhydrate nutzt sie für ihr Wachstum. Das ist der Lebenszyklus einer Pflanze.

Pflanzen ernähren sich also von Licht. Ihr Hauptnährstoff ist weder Wasser noch Dünger, sondern *Licht*. Ohne Lichtenergie verhungert eine Pflanze. Wenn das Licht fehlt, das Wasser in lebensnotwendige Kohlenhydrate umwandeln kann, sammelt sich das Wasser, das die Pflanze aus dem Boden in ihre Blätter saugt, bis die Blattzellen platzen oder ertrinken. Und ohne Kohlenhydrate als Bausteine stellt die Pflanze ihr Wachstum ein. In einer dunklen, lichtlosen Ecke hungert sie, und die Blätter werden bald braun.

Da verschiedene Pflanzenfamilien jedoch glücklicherweise unterschiedlich lichthungrig sind, können wir manche auch in Innenräumen halten. Hier bieten sich besonders tropische Blattpflanzen an, die evolutionstechnisch im Schatten von Bäumen wachsen und daher ohne direkte Sonneneinstrahlung auskommen. Helles, indirektes Licht ist für sie optimal. Deshalb stammen so viele beliebte Zimmerpflanzen ursprünglich aus den Tropen. Ihr Lichtbedarf ist eher bescheiden, und da sie aus Klimazonen mit relativ geringen Temperaturschwankungen stammen, kommen sie auch mit unseren Innenraumtemperaturen gut zurecht. Doch ohne ausreichend Licht darben auch sie.

**RECHTS:** Töpfe in neutralen Farben heben unterschiedliche Grüntöne klarer hervor.

PALETTERA: THE MAKERS OF ICONIC STATIONERY™
MINT

## Für jeden Standort die passende Pflanze

Bereits die Form einer Pflanze verrät viel über ihren alltäglichen Licht- und Wasserbedarf. Es hat seine Gründe, weshalb großblättrige *Dracaenae* nicht in der Wüste wachsen (und skurrile Sukkulenten nicht auf dem Boden des Regenwalds). Dank der natürlichen Selektion passen sich Pflanzenarten optimal an Licht, Feuchtigkeit, Temperatur und andere Umgebungsbedingungen an. Tropische Blattpflanzen bevorzugen eine Umgebung mit indirektem Licht, aber reichlich Wasserzufuhr: Ihre zarten dunkelgrünen Blätter können nur wenig Wasser speichern, enthalten aber viel Chlorophyll, um alle Photonen zu erwischen, die durch das Blätterdach der Bäume dringen. Sobald sie helles, indirektes Licht bekommen, brauchen solche Pflanzen nur noch ausreichend Wasser. Kakteen und Sukkulenten hingegen sind an trockene Standorte mit intensiver Sonne, aber knapper Wasserzufuhr angepasst: Ihre Blätter sind blassgrüne Feuchtigkeitsspeicher und häufig durch Dornen geschützt. Solche Pflanzen konzentrieren sich weniger auf die Chlorophyllbildung, schützen aber ihren Wassergehalt. Sie brauchen viel direkte Sonne, müssen aber nur selten gegossen werden.

Wenn man sich mit unterschiedlichen Pflanzenfamilien näher befasst, wird es immer leichter, zu Hause die passenden Wachstumsbedingungen für die jeweilige Pflanze zu finden. Welche Bereiche bieten jenes helle, indirekte Licht, das Tropenpflanzen brauchen? Bei nur spärlichem Licht sollten Sie Tropenpflanzen auch nur sparsam gießen. Mit Wissen aus erster Hand und kluger Beobachtung werden Sie bald viel weniger auf Expertenrat zurückgreifen müssen.

## Die Anpassungsphase ist harte Arbeit

Im Fachhandel stammen die meisten Pflanzen aus spezialisierten Betrieben, aber genetisch sind sie wie ihre Vorfahren an ihren natürlichen Lebensraum angepasst. Bei uns zu Hause sind Lichtverhältnisse, Wasserversorgung und Substrat meist nicht so perfekt wie im Gewächshaus oder im Urwald. Wenn man eine Pflanze aus einer Umgebung entnimmt, die optimal zu ihren Bedürfnissen passt, durchläuft sie unweigerlich eine Anpassungsphase. Der Blattverlust in dieser Phase hängt in erster Linie von der üblichen Helligkeit ihrer Umgebung ab. Pflanzen entwickeln bemerkenswerte Fähigkeiten, wenn sie sich an eine neue Umgebung anpassen müssen. Verzweifeln Sie also nicht, wenn eine Pflanze zunächst alte Blätter abwirft oder einen Teil ihrer Symmetrie einbüßt, sondern beobachten Sie lieber voller Staunen, wie sie einfach weiterwächst – auch wenn sie bald nicht mehr ganz so perfekt aussieht wie beim Kauf.

Kommerzielle Pflanzenzüchter dimmen das Sonnenlicht gern mit Folien auf exakt die Menge, die ihre Ware rasch die gewünschte Höhe erreichen lässt, und nutzen spezielle Konstruktionen für optimale Bewässerung und Belüftung.

## Aufzucht in der Gärtnerei

Das Gewächshaus in der Gärtnerei ist für eine Pflanze keineswegs das Paradies auf Erden, sondern eher ein Fitnessstudio. Alle Bedingungen sind dort auf schnelles, kräftiges Wachstum abgestimmt, damit die Jungpflanze möglichst rasch groß und kräftig genug ist, um verkaufsfähig zu sein. Bei einer Profisportlerin spiegeln Figur und Muskelspannung den Trainingsstand. Was passiert, wenn so jemand bei Ihnen einzieht? Haben Sie Trainingsausrüstung der Spitzenklasse parat? Können Sie die gewohnten erstklassigen Nährstoffpräparate besorgen? In der Regel nicht. Nach ein paar Monaten bei Ihnen zu Hause würde die Muskelspannung somit zurückgehen. Auch die Figur könnte sich verändern. Das bedeutet jedoch nicht, dass sie stirbt! Ist sie noch gesund? Ich würde sagen, sie gibt sich angesichts ihrer aktuellen Lebensumstände alle Mühe. Mit Zimmerpflanzen ist es ebenso. So wie unsere Athletin ohne ihren Kraftraum Muskelspannung einbüßt, passen sich auch unsere Pflanzen an ihr neues Leben an, indem sie Blätter abwerfen.

So erleben Pflanzen eine Gärtnerei (im Gegensatz zum Laden oder zur häuslichen Umgebung):

---

**Licht:** Beim Züchter herrschen in der Regel perfekte Lichtverhältnisse für die meisten tropischen Blattpflanzen: Direkte Sonne wird abgeschirmt. Das Licht kommt dennoch stets direkt von oben, damit die Pflanze schön senkrecht wächst. Stellen Sie sich zu Hause direkt ans Fenster: Wie stark ist der Blick auf den Himmel eingeschränkt? Wie viel wird von Wänden und Decke blockiert?

---

**Wasser:** In der Gärtnerei enthält das Wasser keine Chemikalien, die Verbrennungen auf den Blättern hervorrufen könnten. Wenn der Boden dort nass wird, ist das kein Problem. Deshalb wird großzügig gegossen, um die Erde gleichmäßig zu durchfeuchten. Überschüssiges Wasser kann problemlos durch die Töpfe ablaufen, tropft auf den Boden, verdunstet und trägt so zu einer hohen Luftfeuchtigkeit bei. Leitungswasser hingegen enthält unter Umständen Spuren von Chlor und anderen Substanzen, die uns nützen, Pflanzen jedoch schaden könnten. Und wer kann schon so präzise gießen und Wasser ableiten wie die Profis?

**Bodenbeschaffenheit:** Die meisten Gärtnereien verwenden für alle Jungpflanzen ein Substrat aus Torf und Perlit. Nährstoffe werden direkt in Wasser gelöst. Die Wurzeln sind gut belüftet, weil Oberfläche und Boden des Topfes der Luft ausgesetzt sind (die Drainagelöcher am Boden der üblichen Kunststofftöpfe lassen auch Luft ein). Zu Hause werden Pflanzen meist in Behälter ohne Ablauf umgesetzt. Dadurch ist der Boden bald durch zu wenig Gießen verdichtet oder aber durch zu starkes Gießen zu nass.

**Luft:** In einer Gärtnerei ist die Luft feucht und ständig in Bewegung. Das erleichtert den Gasaustausch. Zu Hause herrscht eher wenig Luftbewegung.

**Temperatur:** In der Regel mögen Pflanzen warme Tage und kühle Nächte. Manche Pflanzen kommen mit einem breiten Temperaturspektrum gut zurecht, aber jede Pflanze liebt eine kühlere nächtliche Ruhephase. Gärtnereien lassen meist stärkere Unterschiede zwischen Tag und Nacht zu, als wir es zu Hause für angenehm halten.

**Formgebung:** Der Zuchtbetrieb hat das nötige Know-how, die Geräte und die Bedingungen, um einer Pflanze die gewünschte symmetrische Form zu verleihen. Bei uns zu Hause strebt sie auf der Suche nach dem verfügbaren Licht eine individuelle Form an.

## Pflanzen in der Natur

In einem Tropenwald – und aus solchen Wäldern stammen viele klassische Zimmerpflanzen – sehen Pflanzen keineswegs so perfekt aus wie frisch aus der Gärtnerei. Im Idealfall wirken sie saftig grün und kerngesund, wenn auch ein bisschen verwahrlost. Die eine oder andere müht sich jedoch etwas außerhalb ihrer Komfortzone ab und muss vielleicht ein Hindernis überwinden oder umrunden, oder sie bildet ihre Blätter ganz am Ende kahler Stängel. Solche Beobachtungen lassen sich gut auf das Verhalten von Hauspflanzen übertragen.

So erleben Pflanzen die Natur (im Gegensatz zum Laden oder zur häuslichen Umgebung):

**Licht:** Bei tropischen Blattpflanzen, die im Schatten wachsen, wird das Licht von höheren Bäumen gefiltert. Doch auch dieser Schatten ist noch immer heller als Bereiche im Haus, die weitab vom Fenster liegen. Mit einem fensternahen Standort lässt sich dieser Lichttyp allerdings gut nachahmen.

**Wasser:** Wenn Zimmerpflanzen wählen dürften, hätten sie selbst im Heiligen Gral nur Regenwasser! Und zwar nicht das Regenwasser, das vom Dach herabrinnt, sondern lieber den Regen, der durch ein Blätterdach tropft. Reines Regenwasser können wir kaum bieten, aber die meisten Pflanzen nehmen auch mit Leitungswasser vorlieb.

**Bodenbeschaffenheit:** Den besten Boden bildet die Natur mit all ihren kleinen Insekten und Würmern. Pflanzen sondern gern zuckerhaltige Substanzen ab, um Bakterien, Pilze und die dazugehörigen Nahrungsketten anzuziehen. Mikroben, Insekten, Vögel und Säugetiere verbessern Nährstoffgehalt und Struktur des Bodens und fördern so gesunde Wurzeln. Die Gänge der Insekten und Würmer rund um die Wurzeln sorgen für eine gute Belüftung. In Innenräumen müssen wir auf derartige Vorteile verzichten, doch in Kapitel 6 erkläre ich sinnvolle Pflegemaßnahmen.

**Luft:** Luftbewegungen und schwankende Luftfeuchtigkeit sind für Pflanzen normal. Verglichen mit der Natur ist die Luft zu Hause abgestanden.

**Temperatur:** Pflanzen bevorzugen höhere Temperaturen bei Tag und niedrigere bei Nacht. Die Natur ist deutlich unbeständiger als thermostatregulierte Wohnräume oder Gewächshäuser.

**Formgebung:** In der Natur ist nicht Schönheit, sondern Anpassungsfähigkeit überlebenswichtig. Starker Wind oder ein großes Tier kann eine Pflanze abknicken lassen. Vielleicht nagt ein hungriger Pflanzenfresser die Blätter an und lässt davon ab, weil es nicht schmeckt (die meisten tropischen Blattpflanzen sind leicht giftig). Eine robuste, wild gewachsene Pflanze wäre also nicht unbedingt gut verkäuflich, hätte aber mit einer gut an ihre Umgebung angepassten Zimmerpflanze wohl mehr gemein als mit dem prächtigen Exemplar im Laden.

## 4. Zimmerpflanzen umsorgen

Ganzheitlich orientierte Pflanzeneltern sollten einer Pflanze lieber eine möglichst passende Umgebung bieten und sie gut beobachten, als blindlings Anleitungen zu befolgen. Entwickeln Sie Verständnis für ihre Bedürfnisse und ihren Lebenszyklus. Pflanzenpflegetipps lesen sich meist wie die knappe Gebrauchsanleitung, die man beim Bezahlen im Laden mitbekommt. Für den Anfang reicht das auch, legt aber nur selten den Grundstein für tieferes Verständnis und realistische, langfristige Erwartungen.

Welche Faktoren sind für das Gedeihen einer Pflanze entscheidend? Oberirdisch sind dies Licht, Belüftung, Temperatur und Luftfeuchtigkeit. Im Topf hingegen geht es um Bodenfeuchte, Belüftung und Nährstoffe. An welcher Stelle können Sie eingreifen? Wie stark wollen Sie sich engagieren, um das richtige Licht sicherzustellen? Wollen Sie Zeit dafür aufwenden, die optimale Luftfeuchtigkeit zu erzeugen? Wie intensiv möchten Sie Ihre Lebensweise an die Bedürfnisse Ihrer Pflanzen anpassen?

## Faktoren, die die Pflanzengesundheit beeinflussen, nach Wichtigkeit:

① **Licht**

② **Wasser**

③ **Bodenstruktur**

④ **Nährstoffe**

⑤ **Temperatur**

⑥ **Luftfeuchtigkeit**

Natürlich sind für gesunde Pflanzen alle sechs Punkte von Bedeutung, aber die ersten drei – Licht, Wasserzufuhr und Bodenstruktur – sind am wichtigsten. Grundsätzlich rate ich gern Folgendes: Sorgen Sie für eine passende Lichtzufuhr, das nötige Wasser und eine gelegentliche Belüftung des Bodens.

Temperatur und Luftfeuchtigkeit sind für übliche Zimmerpflanzen eher zweitrangig, denn wenn sich der Mensch in Innenräumen wohlfühlt, kommen auch die meisten Pflanzen zurecht. Wenn Sie selbst mit Zimmertemperatur oder Luftfeuchtigkeit nicht zurechtkommen, handeln Sie vermutlich lange, bevor Ihre Pflanzen sich beklagen.

Die folgenden Hinweise sollen Ihnen ein besseres Gefühl für die Wichtigkeit der verschiedenen Einflüsse auf die Pflanzengesundheit und deren Wechselwirkungen vermitteln.

## Licht

Jede Pflanze kennt drei Stufen der Lichtintensität: ausreichend, um zu überleben, gut fürs Wachstum und optimal fürs Wachstum. In Kapitel 5 folgen genauere Erklärungen zur Messung der Lichtstärke. Bei den Pflanzenbeschreibungen in diesem Buch werden Sie feststellen, dass die Mindestlichtstärke zum Überleben je nach Art variiert. Wichtiger ist jedoch, dass gewisse Pflanzen eleganter verhungern als andere.

## Lichtabhängige Wasserzufuhr

Je mehr Licht eine Pflanze empfängt (gemessen an Intensität und Dauer), desto mehr Wasser wird bei der Fotosynthese verbraucht. Bei direkter Sonneneinstrahlung kühlt sie sich zudem selbst, indem sie über Spaltöffnungen in den Blättern (Stomata) Wasser verdunsten lässt. Eine wachsende Pflanze, die reichlich Licht bekommt, hat daher Durst. Weist man ihr jedoch einen lichtarmen Standort zu, so wird das Wasser nur langsam verstoffwechselt, und der Boden bleibt länger feucht. Angestautes Wasser, das nicht verbraucht wird, kann zu Fäulnis und anderen Problemen führen. Entwickeln Sie einen Blick für die Situation der Pflanze. So lernen Sie, wie durstig sie ist, und können eine angemessene Gießstrategie finden.

## Typspezifische Wasserzufuhr

Sukkulenten sind an unregelmäßige Regenfälle angepasst. In ihren Blättern können sie viel Wasser speichern, um lange Trockenperioden zu überstehen. Großblättrige Regenwaldpflanzen hingegen haben nur ausnahmsweise mit Dürre zu kämpfen. Daraus lässt sich ableiten, wie man Pflanzen zu Hause gießen sollte: Blattreiche Pflanzen bevorzugen in der Regel eine gleichmäßig feuchte Erde. Kakteen und Sukkulenten mögen es die meiste Zeit trocken. Unter Einbeziehung der jeweiligen Lichtverhältnisse reicht dieses Wissen in der Regel schon aus, um das Wasser passend zu dosieren.

## Wasserzufuhr und Bodenstruktur

Wenn Pflanzen Feuchtigkeit aufnehmen, sammeln sich um die Wurzeln auch Bodenpartikel an. Da zu Hause in der Regel keine Insekten oder Würmer in den Töpfen sitzen, die diesem Prozess entgegenwirken, wird der Boden mit der Zeit kompakter. Deshalb müssen Sie die Erde vor dem Gießen vorsichtig mit einem Holzstab auflockern, damit Luft und Wasser besser eindringen können.

## Lichtabhängig düngen

Wenn bestimmte Spurenelemente zur Neige gehen, hilft der passende Pflanzendünger. Das ist aber nur notwendig, wenn eine Pflanze rasch wächst. Wenn also eine Pflanze schön hell steht und kräftig wächst, sollte man sie düngen. Bekommt sie hingegen nur wenig Licht, wächst sie langsam und braucht keine Extranährstoffe. Meistens reichen die vorhandenen Nährstoffe im Topf bis zum nächsten Umtopfen, und dann liefert die frische Erde ausreichend Nachschub.

### Temperatur

In diesem Buch geht es um Pflanzenpflege in bewohnten Innenräumen. Solange wir uns wohlfühlen, kommt die breite Masse der Zimmerpflanzen auch gut zurecht. Temperaturbedingte Pflanzenschäden treten vor allem ein, wenn man sie im Auto zurücklässt. Faustregel: Wenn Sie Kind oder Hund nicht im Auto lassen würden, sollten Sie dies auch Pflanzen nicht antun.

### Luftfeuchtigkeit

Immer wieder hört man, dass eine Erhöhung der Luftfeuchtigkeit wichtig ist und Pflanzen die angeblich so trockene Heizungsluft nicht mögen. Das grenzt an Panikmache! Wer in einer sehr trockenen Region lebt, kann sich ruhig einen Luftbefeuchter anschaffen. Das Besprühen mit Wasser können Sie sich sparen – genauso gut könnten Sie versuchen, ein Zimmer mit einem Streichholz zu erhellen.

### Zusammenfassung:

- Der entscheidende Faktor für das Pflanzenwachstum ist das Licht.
- Andere Faktoren sind wachstumsabhängig.
- Bleiben Sie realistisch Ihr Einfluss ist relativ begrenzt.

# 5. Licht

Die meisten enttäuschenden Erfahrungen mit Zimmerpflanzen beruhen auf Missverständnissen in Bezug auf die Lichtintensität. Wir beschreiben die benötigte Lichtmenge eher unscharf mit »Sonne«, »Halbschatten«, »Schatten« oder sprechen von hohem, mittlerem oder geringem Lichtbedarf. Abgesehen von Kakteen, Sukkulenten und einigen Blühpflanzen kommen Zimmerpflanzen normalerweise mit »hellem, indirektem Licht« gut zurecht. Nach diesem Hinweis gehen die Pflegetipps meist schnell zu Gießen und Düngen über, den Hauptaufgaben von Pflanzeneltern. Doch was ist die Haupttätigkeit einer Pflanze? Sie soll wachsen und gedeihen. Und dafür braucht sie Licht. Ohne die richtige Lichtmenge können wir noch so viel gießen und düngen, es hilft ihr nichts.

Ich höre häufig: »In mein Zimmer fällt kein Sonnenlicht.« Auch ein solches Zimmer hat in aller Regel ein Fenster. Woran merkt man, ob Pflanzen über dieses Fenster das nötige Licht bekommen? Darüber habe ich schon oft nachgedacht und bin zu folgendem Schluss gekommen: Nicht alle Pflanzen brauchen so viel Sonne wie möglich. Aber alle profitieren von möglichst viel Himmelslicht.

Um das Lichtproblem zu durchschauen, sollten wir überlegen, welche Umweltbedingungen wir mit unseren Pflanzen teilen. Sie mögen zumeist die gleichen Temperaturbereiche wie wir, und wir können auch gut feststellen, ob ihre Erde trocken oder feucht ist, weil wir das leicht mit dem Finger überprüfen können. Licht hingegen nehmen Säugetiere ganz anders wahr als Pflanzen. Wir Menschen nutzen Licht, um Einzelheiten in unserer Umgebung wahrzunehmen. Pflanzen hingegen verstoffwechseln Licht. Während wir also problemlos in die hinterste Ecke sehen können, muss eine Pflanze weitab vom Fenster kläglich

verhungern, ohne dass wir ihr Jammern hören. Da es für uns überlebenswichtig war, bis in diese Ecke zu blicken, hat uns die Evolution mit einem visuellen System ausgestattet, das jeden Anblick so hell wie möglich darstellt, ganz gleich wie hell es wirklich ist. Die Lichtstärke können wir damit jedoch nicht feststellen. Deshalb nehmen Menschenaugen nicht wahr, wie viel Licht die Pflanze dort in der Ecke in Wahrheit bekommt. Wir brauchen also bessere Verfahren und sollten das Licht messen.

## Was »sieht« meine Pflanze?

Ersetzen Sie die Frage »Wie hell ist es hier?« durch die Frage »Welche Art Licht sieht meine Pflanze von hier aus?«. Beziehen Sie dabei ein, wie sich das Licht im Tagesverlauf und im Laufe der Jahreszeiten verändert. Gehen Sie auf Augenhöhe mit den Blättern und versetzen Sie sich in die Pflanze hinein. Folgen Sie nun der direkten Sichtlinie zum nächsten Fenster und finden Sie heraus, welche Lichtarten hierher vordringen. Mit der Checkliste #WhatMyPlantSees entwickelt man ein Gefühl dafür, wie viel Licht eine Pflanze am jeweiligen Standort bekommt.

| | |
|---|---|
| **Typ 1, direkte Sonne:** | Die Pflanze bekommt direktes Sonnenlicht. Das ist das intensivste Licht, das Pflanzen erhalten können. Die meisten tropischen Blattpflanzen vertragen nicht mehr als drei bis vier Stunden direkte Sonne. Kakteen und Sukkulenten fühlen sich darin pudelwohl. |
| **Typ 2 a, gefiltertes/diffuses Sonnenlicht** | Der direkte Blick auf die Sonne ist teilweise verdeckt. Das Licht scheint vielleicht durch Bäume oder durch einen leichten Vorhang. |
| **Typ 2 b, reflektiertes Sonnenlicht** | Die Pflanze sieht glänzende Objekte oder Oberflächen, die direkte Sonne bekommen, auch wenn sie selbst die Sonne nicht sieht. |
| **Typ 3, Himmelslicht** | An klaren Tagen sieht die Pflanze den blauen Himmel. Das ist ein guter Anhaltspunkt. Hier ändert sich zwar im Tagesverlauf die Lichtintensität, nicht aber die sichtbare Menge Himmel. |

**LINKS:** Was sieht dieser Kletter-Philodendron?

**RECHTS:** Vom oberen Regal aus sieht der Philodendron ausschließlich Licht vom Typ 2 b (reflektiertes Sonnenlicht), das durch das Fenster dringt und von den weißen Jalousien weitergeleitet wird. Im Vergleich zu den Pflanzen unmittelbar am Fenster bekommt er damit nur relativ wenig helles, indirektes Licht, aber immerhin mehr, als wenn das Fenster gar nicht zu sehen wäre. Doch was ist mit dem Fensterblatt direkt am Fenster? Was sieht es?

**LINKS:** Dieses Fensterblatt bekommt durch den größeren Ausblick der Blenden (auf welche die Sonne scheint, also Typ 2 b) deutlich mehr Licht. Und von hier aus ist auch ein Stück Himmel zu sehen, also Typ 3 (Himmelslicht).

Die meisten Zimmerpflanzen kommen mit *hellem, indirektem Licht* gut zurecht. In diese Kategorie gehört Licht vom Typ 2a, 2b und 3 in der Übersicht. Wenn eine Pflanze längere Zeit die Sonne sieht (Licht vom Typ 1), sollte sie dies tolerieren können. Beziehen Sie bei der Einschätzung des Standorts neben der Checkliste auch Fenstergröße und Abstand zum Fenster mit ein. Das Fenster können Sie nicht größer machen, aber die Pflanze lässt sich verrücken. Der ideale Platz für eine tropische Blattpflanze ist möglichst nah am Fenster, aber hinter einem leichten weißen Vorhang, der das Sonnenlicht blockiert und streut. So bekommt sie am meisten Himmelslicht.

**UNTEN:** Dieser hoch gelegene Raum mit seinen großen, kaum verdeckten Fenstern ist für die meisten Blattpflanzen vom Licht her ideal. Die Fenster auf der hinteren Seite gehen nach Westen, die Fenster auf der rechten Seite nach Norden.
Auf den folgenden Seiten sehen Sie, wie viel Licht die Pflanzen an den Standorten 1 bis 4 erreicht.

## Lichtmessung mit dem Luxmeter

Die Checkliste #WhatMyPlantSees auf Seite 52 verrät bereits viel über die Lichtmenge, die bei einer individuellen Pflanze ankommt. Damit entwickeln Sie einen sicheren Instinkt für Beleuchtungsdauer und Abstand vom Fenster. Irgendwann will man die Lichtstärke aber gern messen. Dann benötigen Sie ein Beleuchtungsmessgerät (Luxmeter). Es ermittelt, wie stark das Licht ist, das von einem Punkt aus auf eine Fläche von einem Quadratmeter fällt. Ein Lux *(lx)* entspricht der Einheit »ein Lumen pro Quadratmeter« *(lm/*$m^2$*)*. Mit dem Messgerät kann man gut ermitteln, wie rasch die Helligkeit abnimmt, sobald man eine Pflanze ein Stück vom Fenster wegrückt.

Früher investierten nur Züchter in solche Geräte, die im Fachhandel schon ab etwa 50 Euro erhältlich sind. Inzwischen gibt es dafür sogar Apps. Einige sind kostenlos, andere kosten ein paar Euro, und sie sind nicht so genau wie kalibrierte Beleuchtungsmessgeräte, aber sie vermitteln recht deutlich, wie standortabhängig die Lichtstärke ist. Niemand wird behaupten: »Diese Pflanze wächst bei 4000 Lux optimal.« Aber man sieht sehr eindrucksvoll, wie die Lichtintensität auf dem Weg zur hinteren Zimmerwand leicht um den Faktor 10 zurückgeht. Auf den Fotos in diesem Kapitel verwende ich mal eine Smartphone-App und mal ein Beleuchtungsmessgerät, damit Sie beides in Aktion sehen.

Sobald man anfängt, Licht zu messen, fühlt man sich seinen Pflanzen besser verbunden, denn man bekommt einen Eindruck von ihrem Grundbedürfnis. Sie wissen, dass Ihre Schützlinge darben, wenn Sie an einer Wand nur 325 Lux messen. Und Sie lächeln zufrieden, wenn Sie feststellen, dass eine Pflanze am Fenster ihre 4000 Lux bekommt.

Unten finden Sie eine zweite Übersicht für helles, indirektes Licht, in der anstelle von #WhatMyPlantSees Messwerte verwendet werden. Bitte messen Sie zum hellsten Zeitpunkt des Tages (meist in der Mittagszeit) und vergleichen Sie sonnige und bewölkte Tage. Halten Sie den Sensor direkt neben eines der Blätter Ihrer Pflanze und richten Sie ihn auf die nächste Lichtquelle aus.

### 540 bis 1600 Lux

Das ist die Kategorie »geringer Lichtbedarf«, grenzt aber letztlich an lichtlosen Vollschatten. Mit so wenig Licht kommen zumeist nur Bogenhanf, Efeutute, einige Philodendronarten und Zamien zurecht. Bitte sehen Sie sich um. Wenn ein Ort mittags an einem klaren Tag so wenig Licht erhält, liegt er vermutlich weitab vom Fenster, oder das Fenster ist stark verstellt oder verhängt. Jedenfalls besteht hier wenig Kontakt zum Himmel.

### 2000 bis 8500 Lux

Bei dieser Lichtmenge wachsen alle tropischen Blattpflanzen zufriedenstellend, und auch den bereits genannten Schattenpflanzen geht es deutlich besser. In diesem Bereich kann die Pflanze wahrscheinlich relativ viel Himmel sehen, oder die Sonne scheint auf einen weißen Vorhang. Beim Gießen brauchen Sie kaum um die Wurzeln zu fürchten. Ein- und dieselbe Pflanze wächst bei 4000 bis 8000 Lux schneller und verbraucht mehr Wasser und Nährstoffe als bei 2000 bis 4000 Lux. Noch mehr Licht ist nicht immer besser. Pflanzen, die nicht ganz so viel Licht bekommen, sind mitunter pflegeleichter und müssen nicht so häufig gegossen werden. So wachsen sie zwar etwas langsamer, aber Wachstum ist ja nicht immer Selbstzweck.

### 8500 bis 11.000 Lux

Ein sonniges Fenster mit einem einfachen Vorhang ergibt leicht bis zu 11.000 Lux. Das ist das Maximum, was als »helles, indirektes Licht« noch akzeptabel ist.

### über 85.000 Lux

Direkte Sonneneinstrahlung ist sehr intensiv. Nur Kakteen und Sukkulenten kommen damit den ganzen Tag zurecht. Eine große tropische Pflanze erträgt so viel Licht zwar ein paar Stunden, aber kleinere sollten durch einen Vorhang geschützt werden.

①

*Aglaonema* wünscht sich »helles, indirektes Licht«. Im hinteren Bereich des Raums bekommt sie aufgrund der bodentiefen Fenster noch ausreichend Himmelslicht. An diesem klaren Tag konnte ich 5000 Lux messen (im Bild: 465 fc; fc ist die Abkürzung für die Maßeinheit »foot-candles«). Das ist für eine *Aglaonema* wunderbar.

②

Diesen Pflanzen oben auf dem Gitterregal geht es bei aktuell 5468 Lux (508 fc) sehr gut.

### ③ Klarer Tag

### ④ Klarer Tag

### ③ Bewölkter Tag

### ④ Bewölkter Tag

## ③ (klar)

Drachenbaum und Geldbaum baden in gutem Licht: 7545 Lux (701 fc). Aktuell bekommt keine dieser Pflanzen direkte Sonne, aber sie haben reichlich Himmelslicht, auch einige sonnennahe Abschnitte.

## ④ (klar)

Ein weitgehend unbehinderter Ausblick auf den Nordhimmel ergibt 6458 Lux (600 fc).

## ③ (bewölkt) und ④ (bewölkt)

Was ändert sich an einem bewölkten Tag? Sehen wir uns dieselben Stellen an einem bewölkten Frühlingsnachmittag an. Das Sonnenlicht ist gleichmäßig diffus, aber auch schwächer. Vergleichen Sie die Lichtintensität an einem klaren Tag (oben) und an einem bewölkten (unten): An einem klaren Tag beträgt der Unterschied mehr als 1000 Lux, an einem bewölkten nur gut 250 Lux (24 fc).

## Was bedeutet »Schatten«?

Diese Efeutute »Marble Queen« (Seite 174) kommt mit aktuell 2150 Lux unter ihrem Dachfenster gut zurecht. Mit der #WhatMyPlantSees-Methode (unten links) registrieren Sie aus dieser Entfernung und diesem Winkel relativ wenig, aber helles Himmelslicht (Typ 3), denn die Sonne ist zwar in der Nähe, scheint aber nicht direkt hinein.

Wenn wir nun einen Ort wählen, wo direkte Sonne ankommt (oben rechts), messen wir fast 100.000 Lux (9170 fc). #WhatMyPlantSees (unten rechts) – derselbe Himmelsausschnitt (Typ 3) wie nebenstehend, aber hier sehen wir auch die Sonne (Typ 1).

Pflanzen würden zweifellos die Augen verdrehen – wenn sie welche besäßen –, wann immer jemand von »geringem Lichtbedarf« spricht. Das rechtfertigt allenfalls ihre Verwendung als Dekorationsobjekt. Ich sage lieber, dass eine solche Pflanze bei 500 Lux still vor sich hin hungert. Obwohl sie unablässig um ihr Leben kämpft, sieht sie dabei noch relativ gut aus. Echte Pflanzenfreunde meinen mit geringem Lichtbedarf den Bereich unterhalb der Baumkronen, der noch etwas direktes Himmelslicht durchlässt. Das ist nicht dasselbe wie die hinterste Ecke des Wohnzimmers. Die gleicht eher einer Höhle, aus der man ein wenig nach draußen blinzelt. Also: Fangen Sie ruhig an zu messen!

| #WHATMYPLANTSEES UND BELEUCHTUNGSMESSUNG | | | |
|---|---|---|---|
| **Klassische Bezeichnung** | **#WhatMyPlantSees (direkt und indirekt, Dauer)** | **Beleuchtungsmessung (in Lux, Dauer)** | **Geeignete Zimmerpflanzen** |
| **Vollsonnig** | Sieht in den meisten Stunden des Tages die Sonne (Typ 1). | möglichst lange mehr als 86.000 Lux | Kakteen gedeihen gut. Blattpflanzen verbrennen. |
| **Teilweise sonnig** | Sieht 4 bis 6 Stunden direkte Sonne (Typ 1), den Rest des Tages indirektes Licht (Typ 2 a, 2 b und 3). | bei Sonne mehr als 86.000 Lux; ansonsten mindestens 8600 Lux | Sukkulenten und Kakteen überleben; einige Blattpflanzen tolerieren so viel Sonne noch. |
| **Schatten** | Sieht 0 bis 4 Stunden direkte Sonne (Typ 1), den Rest des Tages indirektes Licht (Typ 2 a, 2 b und 3) | möglichst lange mehr als 8600 Lux | Die meisten Blattpflanzen wachsen schnell; Sukkulenten und Kakteen überleben. |
| **Helles, indirektes Licht** | Sieht 0 bis 4 Stunden direkte Sonne (Typ 1), den Rest des Tages indirektes Licht (Typ 2 a, 2 b und 3). | möglichst lange 4300 bis 8600 Lux | Die meisten Blattpflanzen wachsen schnell; Sukkulenten und Kakteen dürften überleben. |
| **Geringer Lichtbedarf** | Sieht nie Sonne; den ganzen Tag indirektes Licht. | möglichst lange 2150 bis 4300 Lux | Die meisten Blattpflanzen wachsen ordentlich; für Kakteen/Sukkulenten schwierig. |
| **(Kein Licht)** | Sieht nie Sonne; weitab vom Fenster. | wenige Stunden, nie heller als 540 bis 1080 Lux | »Anspruchslose« Schattenpflanzen überleben; Kakteen/Sukkulenten wachsen nicht. |

## Natürliches Licht und Pflanzenleuchten

Wenn man weiß, wie Licht gemessen wird, lässt sich der Unterschied zwischen natürlichem Licht und Pflanzenlampen gut feststellen. Kann eine Pflanzenlampe Abhilfe schaffen, wenn meine Pflanzen nicht genug Sonne bekommen? Bei Messung der Lichtstärke in unterschiedlichen Beleuchtungssituationen zeigt sich schnell, dass keine Leuchte *direktes* Sonnenlicht ersetzen kann. Wenn es jedoch darum geht, dass Pflanzen nicht genug *Licht* bekommen, kann ein Lichtmessgerät weiterhelfen. Eine Pflanzenlampe vermittelt deutlich, dass die Helligkeit, die Pflanzen wahrnehmen, stark vom Abstand zur Lichtquelle abhängig ist. Schalten Sie Ihre Leuchte an und messen Sie die Helligkeit an unterschiedlichen Stellen zwischen Lichtquelle und Pflanze. Die Lichtintensität nimmt bei größerer Entfernung rasch ab. Vergleichen Sie Ihre Ergebnisse mit denen direkt am Fenster. Um genauso stark zu wirken wie ein großes Fenster an einem bedeckten Tag, muss die Leuchte sehr nah bei den Pflanzen sein.

**UNTEN:** Hier ist eine Pflanzenleuchte, die ich für jeweils zwölf Stunden an- und abschalte. Beachten Sie bitte die Lichtintensität. An der Position des Philodendrons »Prince of Orange« (Mitte) beträgt sie 6070 Lux (564 fc), dicht daneben, abseits der Lichtquelle, bei der *Senecio haworthii* (rechts) nur noch 2421 Lux (225 fc). Was bedeutet das im Vergleich zu natürlichem Licht?

**OBEN LINKS:** Mein Einblatt unter dem Dachfenster bekommt hier gerade 2421 Lux (225 fc), genauso viel wie die *Senecio haworthii* unter der Pflanzenlampe. #WhatMyPlantSees (darunter) – der Ausblick des Einblatts zum Dachfenster. Aktuell keine direkte Sonne, nur Kontakt zum Himmelslicht.

**OBEN RECHTS:** Mein Geweihfarn, der himmelsnäher an der Wand montiert ist, bekommt 6082 Lux (565 fc), an den Blattspitzen sogar noch mehr, also ähnlich viel wie der Philodendron »Prince of Orange« unter der Pflanzenlampe. #WhatMyPlantSees (darunter) – näher am Dachfenster ist die Lichtintensität höher, weil die Pflanze mehr vom Himmel sieht.

# 6. Substrat

Ganzheitlich orientierte Zimmerpflanzenpflege betrachtet Substrat und Wasserversorgung als einander ergänzende Aspekte der *Bodenpflege*. In Zeiträumen von Tagen bis Wochen müssen wir durch Gießen und Belüften die Feuchtigkeit und Struktur der Erde regulieren. Über Monate bis Jahre hinweg geht es darüber hinaus um Nährstoffgaben und Strukturverbesserung. Dann rücken Umtopfen, Düngen oder das Aufbringen neuer Erdschichten in den Vordergrund. In diesem Kapitel geht es zunächst um Funktion und Bestandteile des Substrats. In Kapitel 7 widmen wir uns dem Gießen und der Belüftung etwas genauer.

## Das Substrat und seine Funktion

In der Rhizosphäre rund um die Wurzeln ist eine Menge los. Wurzeln müssen sich im Boden verankern, um das gesamte Gewicht der überirdischen Bestandteile der Pflanze (Stängel oder Stamm, Blätter, Zweige, Blüten) tragen zu können. Dafür muss der Boden fest genug sein. Da über die Wurzeln aber auch Gasaustausch abläuft, darf der Boden nicht luftdicht sein.

Und er muss natürlich Feuchtigkeit liefern. Das ist nicht immer einfach. Wenn der Boden mehr Feuchtigkeit enthält, als die Pflanze verbrauchen kann, können die Wurzeln faulen und absterben. Dann werden auch Blätter gelb und sterben ab. Nasse Erde ist zudem ein idealer Brutplatz für Pilzkrankheiten, die sich über die geschwächten Wurzeln hermachen. Auf den Blättern erscheinen dann dunkelbraune Flecken. Eines davon passiert *auf jeden Fall*, wenn die Pflanze zu wenig Licht bekommt. Bei ausreichender Lichtmenge ist es *möglich,* wenn sich abgestandenes Wasser im Boden ansammelt. Ist der Boden hingegen zu sandig und trocknet zu rasch aus, so muss man manche Pflanzen quasi ständig gießen, nur damit sie nicht verwelken.

Über das Substrat nehmen die Wurzeln zudem Nährstoffe auf, die jede gesunde Pflanze braucht. Manches davon liegt gelöst in der Bodenfeuchtigkeit vor, anderes hängt an Erdpartikeln. Unsere Zimmerpflanzen sind von natürlichen Nährstoffkreisläufen abgeschnitten und müssen mit dem zurechtkommen, was sie im Topf vorfinden.

**OBEN:** Nahaufnahme einer typischen Mischung aus Torfmoos und Perlit. Torf kann Feuchtigkeit hervorragend speichern, wohingegen Perlit Drainage und Belüftung fördert.

## Wasser speichern oder ableiten?

Unterschiedliche Pflanzerden sollen der jeweiligen Vorliebe einer Pflanze bezüglich Wasserspeicherung und Ableitung entgegenkommen. Diese Ansprüche sind keineswegs Gegensätze, wie wir anhand der Komponenten im Boden noch sehen werden. Manche Substrate können sowohl die Ablauffähigkeit verbessern als auch Wasser speichern. Die Fähigkeit des Bodens, Wasser zu speichern (Retention), lässt sich am besten mit der eines Schwammes vergleichen. Parallel dazu muss der Boden aber auch überschüssiges Wasser ableiten (Drainage). Jedes Substrat und jede Pflanzerde muss diese klassischen Anforderungen berücksichtigen. In Kapitel 7 werden wir sehen, dass die Art der Bewässerung Einfluss darauf hat, ob das Wasser tatsächlich von der Pflanze aufgenommen werden kann oder ungenutzt abläuft.

## Pflanzenerde: Das steckt drin

Betrachten wir nun die üblichen Komponenten von Pflanzerde und wie diese sich auf Wasserretention und Drainage auswirken. Diese Liste ist keineswegs vollständig. Man kann der Mischung noch viele andere Bestandteile hinzufügen doch alle sollen letztlich die Gesundheit der Wurzeln fördern und die Bodenpflege erleichtern. Es geht auch nicht darum, die perfekte Erde selbst zusammenzumischen. Ich möchte nur, dass Sie die Zusammensetzung unterschiedlicher Pflanzerden nachvollziehen können. Gärtnereien nutzen in der Regel Torf mit je nach Pflanzentyp unterschiedlichem Perlitanteil. Falls Sie eigene Experimente anstellen wollen, gibt der Markt viel her, doch wer nicht lange darüber nachdenken möchte, ist auch mit Fertigmischungen gut bedient.

## Torf

Der am häufigsten verwendete Bestandteil von Zimmerpflanzenerde ist Torf, der in Mooren gestochen wird. Wie ein Schwamm saugt er sehr viel Wasser auf und hat einen süßlich erdigen Geruch. Torf wird nur selten ohne Zusätze eingesetzt.

## Kokosfasern

Als Nebenprodukt der Kokosnussernte sind Kokosfasern eine nachhaltigere Alternative zu Torf. Ihre Saugfähigkeit ist vergleichbar, doch sie riechen leicht säuerlich.

## Kompost (nicht abgebildet)

Kompost entsteht beim Abbau organischer Materie und wird vornehmlich im Gartenbereich verwendet, mitunter auch für Zimmerpflanzen. Er kann Wasser gut speichern und fördert zudem eine gesunde Mikrobenzusammensetzung im Boden. Allerdings zieht so viel Leben auch Trauermücken und andere Fliegen an. Kompost wird üblicherweise mit Perlit oder Sand gemischt, um die Drainage zu verbessern.

## Perlit

Die kleinen weißen »Steinchen«, die in praktisch allen Pflanzenerden stecken, sind Perlit. Sie entstehen, wenn man Gesteinsglas so stark erhitzt, dass es wie Popcorn aufplatzt. Dank der – im Vergleich zu Torf – geringeren Dichte und höheren Partikelgröße macht Perlit das Substrat luftiger. Das hilft den Wurzeln, die nicht nur Wasser, sondern auch Luft brauchen. Auf der groben Oberfläche bildet sich zwar ein gewisser Wasserfilm, aber das Perlitteilchen selbst nimmt kaum Wasser auf.

## Vermiculit

Vermiculit wirkt schaumig und schimmert leicht golden. Erzeugt wird es, indem man Silikate erhitzt, bis sie sich akkordeonartig ausdehnen. Es hat ähnliche Eigenschaften wie Perlit, kann aber mehr Wasser speichern.

## Grobkörniger Sand

Weil grobkörniger Sand keine Feuchtigkeit speichert, wird er gern hinzugefügt, um bei gleichem Gewicht eine bessere Drainagewirkung zu erzielen.

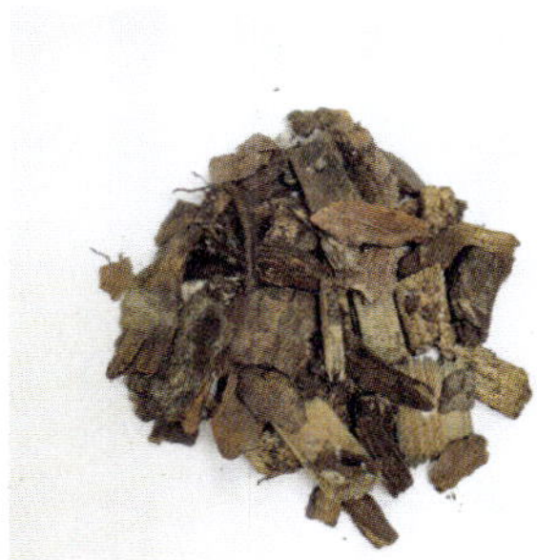

## Rindenmulch

Aufgrund der großen Partikel kann Wasser durch Rindenmulch gut ablaufen, aber wenn der Mulch einige Zeit (zum Beispiel 30 Minuten) einweicht, kann er Feuchtigkeit speichern und dann langsam abgeben. Besonders hilfreich sind Rindenstückchen zur Verbesserung der Bodenstruktur in großen Töpfen (über 36 Zentimeter Durchmesser), wo eine reine Torf-Perlit-Mischung zu dicht wäre. Rindenstückchen zersetzen sich mit der Zeit.

## Sphagnum-Moos

Dank seiner schwammartigen Beschaffenheit können Torfmoose (Sphagnum) viel Wasser speichern. Wenn sie austrocknen, werden sie allerdings hart und brüchig. Man kann sie nach gründlichem Einweichen erneut verwenden.

**RECHTS:** Meine Pachira mag diese Torf-Perlit-Mischung (zwei Teile Torf auf einen Teil Perlit).

**UNTEN:** Bei genauerem Hinsehen erkennt man zwischen den Rindenstückchen und dem Torf in dieser Pflanzenerde auch Sandkörner.

**UNTEN LINKS:** Mein Geweihfarn sitzt auf einem Ballen reinem Sphagnum-Moos, der in Jute gewickelt ist. Frei hängende oder an der Wand befestigte Pflanzen sind auf gute Wasserretention angewiesen, weil eine größere Oberfläche der Luft ausgesetzt ist und das Wasser daher schneller verdunstet.

**UNTEN:** Der Topf meines Bogenhanfes ist mit Torf, Kokosfasern und Rindenmulch gefüllt. Die grünen Perlen sind Langzeitdünger, der sich nur langsam auflöst.

## Speicherkapazität von Erde: Gewicht und Volumen

Topfpflanzenerde aus Torf und Perlit kann normalerweise etwa ein Drittel ihres Volumens an Wasser aufnehmen. Bei einem größeren Gehalt an grobkörnigem Sand (zum Beispiel für Sukkulenten und Kakteen) sinkt die Speicherkapazität auf ein Viertel bis ein Fünftel des Substratvolumens. Bei mittlerer bis hoher Wasserretention (zum Beispiel bei Sphagnum-Moos) kann Wasser bis zur Hälfte des Gesamtvolumens gespeichert werden. Sie können die Bestandteile von Erde also auch nach ihrer Wasserspeicherfähigkeit einteilen:

- **Höchste Wasserspeicherung**
  Sphagnum-Moos, Torf, Kokosfasern, Kompost
- **Mittlere Wasserspeicherung**
  Vermiculit, Rindenmulch
- **Geringe Wasserspeicherung**
  Perlit, grobkörniger Sand

Erde für Topfpflanzen setzt sich praktisch aus zwei bis drei dieser Bestandteile zusammen. Mit etwas Perlit oder grobem Sand können Sie jederzeit die Drainage verbessern und die Wasserspeicherfähigkeit verringern.

Um festzustellen, ob die Erde ausgetrocknet ist, brauchen Sie den Topf nur anzuheben. Das Gewicht gibt Hinweise auf den Feuchtigkeitsgehalt: sehr leicht = knochentrocken; schwer = voll gesättigt. Unter ansonsten gleichen Umweltbedingungen verbraucht eine Pflanze, die mehr Licht bekommt, ihr Wasser schneller (wird also leichter) als eine Pflanze an einem dunklen Standort (die schwerer bleibt). Wenn der Topf zu unhandlich ist, können Sie auch eine vorsichtige »Stäbchenprobe« durchführen (siehe Kapitel 7).

## Dünger

Pflanzendüngemittel liefern Nährstoffe, darunter insbesondere drei Hauptelemente:

**Stickstoff (N)**
Unterstützt das Blattwachstum.

**Phosphor (P)**
Unterstützt Wurzelausbildung und Blütenbildung.

**Kalium (K)**
Unterstützt die Zellfunktion insgesamt.

Die Wortwahl »unterstützt« ist hier bewusst gewählt. In erster Linie verwandeln Pflanzen Kohlendioxid und Wasser in Sauerstoff und Kohlenhydrate. Das ist natürlich eine stark vereinfachte Beschreibung eines sehr komplexen Vorgangs, und für das Wachstum sind auch Spurenelemente erforderlich, und die liefert der passende Pflanzendünger.

Jede Blumenerde, ob in der Packung oder im Topf, enthält beim Kauf die drei Hauptnährstoffe. Doch mit jedem Gießen wird ein Teil der wasserlöslichen Nährstoffe ausgeschwemmt. Wenn die Pflanze ausreichend Licht und Wasser erhält, um gut zu wachsen, verbraucht sie ihre Spurenelemente. Da ein Teil davon gleichzeitig durch das Gießen verloren geht, profitiert sie von Düngergaben. Eine Pflanze, die kaum wächst, weil sie an ihrem Standort maximal 550 Lux am Tag bekommt, braucht praktisch keinen Dünger. Das jährliche Umtopfen wird ihr völlig ausreichen.

## Der richtige Zeitpunkt zum Düngen

Solange eine Pflanze erkennbar wächst, düngen Sie maximal so oft und intensiv, wie auf dem Etikett Ihres Mittels angegeben. Düngen Sie keinesfalls mehr! Geringere Gaben sind immer sicherer, und ich habe auch mal ein volles Jahr ganz darauf verzichtet. Alle meine älteren Pflanzen haben das überlebt und auch einige neue Blätter gebildet. Mit Dünger wären es vielleicht ein paar mehr gewesen. Nur bei einer Glückskastanie *(Pachira aquatica)* kam es aufgrund von Magnesiummangel zu Blattverfärbungen: Ältere Blätter wurden gelb, ihre Adern blieben jedoch grün. Pflanzenfreunde hoffen natürlich auf Wachstum, doch wenn eine Pflanze bei minimaler Lichtversorgung gerade so überlebt, passt sie sich an, indem sie ältere Blätter abwirft. Das bedeutet nicht, dass sie Dünger bräuchte!

Der Nährstoffgehalt bei Düngemitteln ist häufig mit drei Zahlen angegeben, die sich auf den Anteil an Stickstoff, Phosphor und Kalium beziehen. Dieses Verhältnis ist je nach Marke etwas unterschiedlich. Wer einfach zur eigenen Freude ein paar Zimmerpflanzen pflegt, kommt mit einem ausgewogenen Dünger gut zurecht. Ich selbst verwende Allzweck-Flüssigdünger im Verhältnis 10:15:10.

## 7. Wasser

Zimmerpflanzen muss man gießen. Anfänger sind meist überfordert, wenn sie vereinfachte Anweisungen wie »Einmal pro Woche etwas Wasser auf die Erde geben« oder »Nicht zu viel gießen« lesen. Wenn sie sehen, wie eine Pflanze während der Anpassungsphase ältere Blätter abwirft, neigen sie dazu, zu viel oder zu wenig zu gießen.

In diesem Kapitel verwandeln wir die Gießpflicht in die positive Erfahrung, auf eine wachsende Pflanze einzugehen. Wie viel Wasser eine Pflanze braucht, hängt von ihren Gewohnheiten und der Lichtmenge ab, die sie bekommt. Das lernt man mit der Zeit. Zu Beginn allerdings müssen Sie dafür sorgen, dass das Wasser tatsächlich an den Wurzeln ankommt. Häufigkeit und Menge der Wasserzufuhr sind natürlich sehr wichtig, aber glückliche Wurzeln erzielen wir mit anderen Mitteln, und dafür müssen wir mehr über Gieß- und Bodenpflegetechniken wissen.

## Gleichmäßige Feuchtigkeitsverteilung

Bei der Wasserversorgung von Pflanzen geht es um die richtige Durchfeuchtung der Erde. Die Feuchtigkeit sollte möglichst gleichmäßig verteilt sein, und deshalb ist die Bodenstruktur von Bedeutung. Wurzeln sind am glücklichsten, wenn man ein Gefühl für ihre Lebensbedingungen entwickelt, den Wechsel zwischen Feuchtigkeit und Trockenheit, aber auch die Kompaktheit und Durchlüftung der Erde.

①
Sie gießen etwas Wasser auf eine Stelle an der Oberfläche. Das Wasser dringt dort am weitesten vor, wo die Erde am wenigsten kompakt ist. Selbst wenn ausreichend Wasser bis zum Ablaufloch vordringt, können immer noch trockene Erdbereiche vorliegen. Die Feuchtigkeit ist ungleichmäßig verteilt.

②
In einem sehr trockenen Topf ist die Erde häufig so verfestigt, dass sie sich von den Topfrändern löst. Hier können Sie gießen, so viel Sie wollen: Das Wasser läuft oberflächlich ab, bis es das Drainageloch erreicht. Der Wurzelballen bleibt weitgehend trocken. Sie können die Wurzeln befeuchten, indem Sie den kompletten Topf eine Stunde lang in einen Eimer Wasser stellen. Aber das ist nicht sonderlich praktisch. Sinnvoller ist eine dritte Methode, die Bodenbelüftung.

③
Belüften Sie die Erde. Vor dem Gießen vorsichtig mit einem Holzstäbchen ein paar Luftlöcher bohren. Jetzt kann das Wasser gleichmäßiger eindringen und den Boden durchfeuchten. Eine möglichst durchgängige Wasserversorgung ist wichtig, weil Wurzeln in trockenen Bereichen absterben können, obwohl man glaubt, man hätte gegossen.

## Drei praktische Gießmethoden

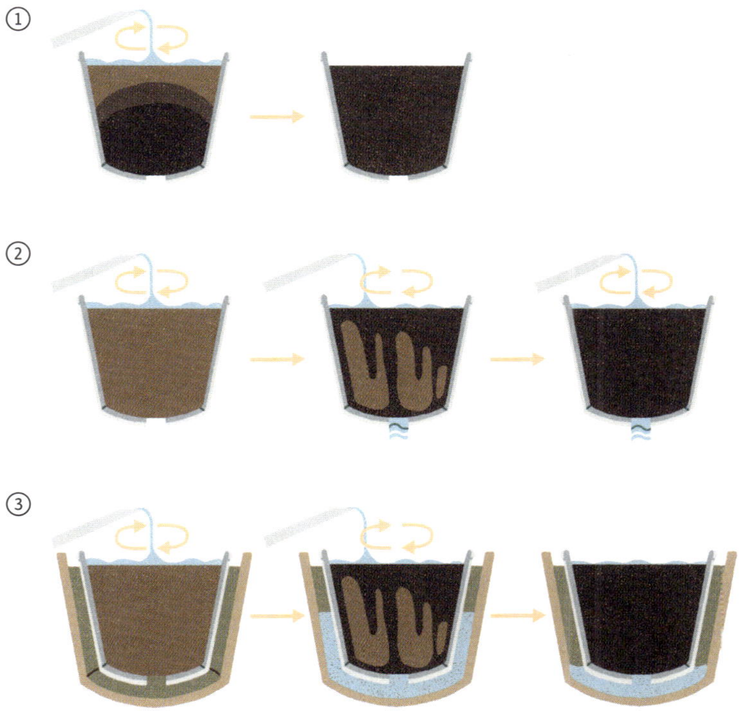


**① Der schnelle Schluck**
Gießen Sie so viel, bis die Oberfläche feucht wird und das Wasser in sie eindringt, ohne dass es am Boden des Topfes wieder austritt. Die Methode setze ich für durstige Pflanzen an (die gleichmäßig feuchte Erde mögen), um sie fit zu halten, bis ich sie das nächste Mal gründlich wässern kann. Belüften Sie vorher bitte kurz den Boden, besonders wenn die Pflanze sehr trocken ist. Dann verteilt sich die Feuchtigkeit besser.

**② Gründlich durchspülen**
Dazu muss das Wasser gut ablaufen können. Gießen Sie so lange kontinuierlich Wasser auf die Erde, bis es durch das Drainageloch abläuft. Mit dieser Methode kann man schädliche Salze aus der Erde herauswaschen, aber leider auch wasserlösliche Nährstoffe. Hin und wieder tut einer Pflanze ein gründliches Durchweichen gut und macht auch Besitzern Spaß.

**③ Einweichen**
Am leichtesten funktioniert das, wenn die Pflanze in einem Kunststofftopf aus der Gärtnerei steht, der Ablauflöcher hat, und sich in einem wasserdichten Eimer oder Übertopf befindet. Man kann auch mehrere kleine Pflanzen gleichzeitig in einer flachen Kunststoffwanne wässern. Wenn die Erde sich nach einigen Stunden gründlich vollgesaugt hat, gießt man das restliche Wasser weg.

## Welche Methode ist sinnvoll?

Jede! Ich wähle mal diese, mal jene und belüfte regelmäßig den Untergrund, damit sich nie ein Ungleichgewicht einstellt. Der schnelle Schluck Wasser erreicht nicht jede trockene Stelle, ist aber sehr zeitsparend. Die anderen beiden Methoden sind zeit- und platzaufwändiger, aber Sie sollten nicht davor zurückscheuen, Pflanzen zu bewegen, um sie ausreichend zu wässern.

Die Bedürfnisse sind je nach Art unterschiedlich, wie Sie bald feststellen werden. Ein durstiger Frauenhaarfarn gedeiht nur, wenn seine Erde ständig feucht ist, und sollte daher jedes Mal gründlich durchnässt werden. Bogenhanf in etwas Abstand vom Fenster hat fast immer ziemlich kompakte Erde, die man vor jedem Gießen vorsichtig auflockern sollte.

**LINKS:** Einweichen hilft jeder Pflanze, die bei passendem Licht gut wächst. Ein Topf mit Ablauflöchern lässt überschüssiges Wasser austreten. Die Erde wird gleichmäßig durchfeuchtet.

**OBEN:** Gründlich durchspülen in der Dusche. Überschüssiges Wasser läuft ab.

**OBEN RECHTS:** Eine möglichst durchgängige Wasserversorgung ist wichtig, weil Wurzeln in trockenen Bereichen absterben können, obwohl man glaubt, man hätte gegossen.

**RECHTS:** Kleinere Pflanzen kann man in eine Kunststoffwanne stellen. Im Wasser stehen lassen, bis die Erde gut durchnässt ist, dann wieder auf Unterschalen platzieren.

## Bodenbelüftung – wenig bekannt und sehr wirkungsvoll

Als ich mit dem Belüften anfing, kam der Kommentar: »Meine Zimmerpflanzen wachsen seit Jahren hervorragend, und ich habe nie in dieser Form belüftet.« Tatsächlich gelangt bei jedem Gießen auch Luft an die Wurzeln – horchen Sie einfach hin, wie es schmatzt und knistert. Aber wenn eine Pflanze wächst, entziehen ihre Wurzeln der umgebenden Erde immer wieder Feuchtigkeit, wodurch die Teilchen zu trockenen Klumpen zusammenschrumpfen. Wenn man wasserliebende Pflanzen ausreichend gießt, trocknet der Boden nie vollständig aus und bleibt bei jedem neuen Wässern locker genug. Beim Umtopfen ist auch die frische Erde schön luftig. Probleme mit zu kompakter Erde entstehen eher bei Pflanzen, die trockenen Boden tolerieren. Eingetrocknete Klumpen durchfeuchten auch bei gründlichem Gießen nicht immer, und solche Pflanzen drohen mangels Luftzufuhr zu ersticken. Durch regelmäßiges Belüften lernt man seine Pflanzen besser kennen und erkennt bereits an der Konsistenz, wie kompakt der Boden geworden ist.

Denken Sie an die Darstellungen aus Kapitel 3 zum Leben beim Züchter, in der Natur und später in der Wohnung. Beim Züchter wie auch in der Wildnis wird der Boden gut belüftet, ob durch Metallgitter oder durch Insekten. Zu Hause hat die Pflanze dafür nur *Sie*. In der Natur sind Wurzeln von einer dynamischen Rhizosphäre umgeben. Zu Hause in Ihrem Topf langweilen sie sich buchstäblich zu Tode.

Stochern Sie daher mit einem Holzstäbchen oder einem anderen stumpfen Gerät etwas abseits des Haupttriebs (ein Fingerbreit oder mehr) vorsichtig in der Oberfläche herum. Das vermittelt einen guten Eindruck von der Festigkeit des Ballens, und Sie merken schnell, ob die Erde feucht oder trocken ist. Feuchte Erde bleibt an dem Stab hängen. Leicht feuchte Erde ist weich. Trockene Erde ist brüchig und zumeist verfestigt. Gleichzeitig können Sie feststellen, wie hart die Erde ist und wie stark Sie sie auflockern müssen. Stellen Sie sich das Substrat als zylinderförmigen Block vor. Der Sinn der Belüftung ist, diesen Block in kleinere Stücke aufzubrechen, damit Wasser und Luft leichter eindringen können. Perlit, Vermiculit und grobkörniger Sand können die Belüftung passiv unterstützen, aber durch Belüftung mit einem Holzstäbchen können Sie die Bodenstruktur aktiv verbessern – so wie es Insekten und Würmer in der freien Natur tun.

Eine gute Faustregel lautet: Pflanzen, die gleichmäßig feuchte Erde brauchen, freuen sich auch über gut belüfteten Boden. Pflanzen, die zwischendurch Trockenperioden mögen, tolerieren kompakteren Boden. Da sie seltener gegossen werden, steigt jedoch die Wahrscheinlichkeit, dass der Boden zu fest wird. Im Idealfall lockern Sie das Substrat kurz vor dem Gießen auf. Dann kann das Wasser, das in die Erde sickert, den Boden um die gut belüfteten Wurzeln neu anordnen.

Bei Pflanzen mit dicken, knollenartigen Wurzeln oder Zwiebeln seien Sie bitte vorsichtig. Solche Wurzeln sollte man nicht anstechen, auch wenn Verletzungen rasch heilen. Zu diesen Pflanzen zählen: Zamie, Sauerklee, Grünlilie, Asparagus und natürlich die Knollenbegonie.

**OBEN:** Ein Essstäbchen eignet sich gut zum Belüften.

## Schwierige Gießsituationen

**Kein Ablauf:**
Wenn eine Pflanze direkt in einen geschlossenen Behälter gesetzt wird, muss man die Gießtechnik anpassen. Füllen Sie bitte *keine* Kiesschicht in den Boden. Wenn das Wasser sich hier sammelt, kann es nirgendwohin. Abgestandenes Wasser in unbelüfteten Bereichen ist die perfekte Voraussetzung für das Wachstum von Bakterien, die Wurzeln faulen lassen. Verzichten Sie also auf die Drainageschicht. Wichtiger ist ausreichend Licht, damit die Pflanze die Bodenfeuchtigkeit zum Wachsen nutzen kann. Das Volumen des Gießwassers sollte maximal ein Drittel des Erdvolumens betragen. Betrachten Sie die Pflanzenerde als Schwamm, der nur eine gewisse Menge Wasser aufnehmen kann. Wenn es mehr wird, schwimmt die Pflanze in einer Matschsuppe. Bei Sukkulenten und Kakteen reicht auch ein Viertel oder Fünftel des Erdvolumens. Wenn die Erde alles aufsaugt, verbrauchen die Wurzeln das Wasser, ehe es faulen kann.

**Große, schwere Pflanzen:**
Eine große Pflanze kann man schlecht in die Dusche schleppen, und eine Überschwemmung im Wohnzimmer will niemand. Sobald Wasser in den Pflanzenuntersetzer sickert, hören Sie auf zu gießen. Überschüssiges Wasser tritt erstaunlich schnell aus. Halten Sie eine große Pipette (Bratenspritze!) bereit, um es aufzunehmen. Ohne Ablaufloch müssen Sie das Volumen der Wassermenge schätzen. In beiden Fällen sollte man langsam gießen, damit die Erde möglichst viel Wasser aufsaugen kann. Bei zu schnellem Gießen läuft das Wasser leicht an den Erdkrümeln vorbei, anstatt sie zu durchfeuchten.

## Der Gießalgorithmus: Der richtige Zeitpunkt

Um den richtigen Zeitpunkt zu bestimmen, muss man wissen, wie feucht die Pflanze es gern hätte.

| | |
|---|---|
| **Die Pflanze mag gleichmäßig feuchten Boden:** | Die Erde sollte ständig gleichmäßig feucht sein. Sobald auch nur die Oberfläche trocken wird, müssen Sie gießen. In diese Kategorie gehören in erster Linie Pflanzen mit dünnen Blättern wie die Frauenhaarfarne, Fittonien oder Einblatt. |
| **Die Pflanze mag teilweise trockenen Boden:** | Das Substrat darf ein bis zwei Fingerbreit unter der Oberfläche austrocknen. Die meisten grünen Zimmerpflanzen gehören dieser Kategorie an. |
| **Die Pflanze mag komplett trockenen Boden:** | Der Boden darf bis zum nächsten Gießen ruhig vollständig austrocknen. Alle Kakteen, Sukkulenten und dickblättrigen Zimmerpflanzen bevorzugen trockene Erde, weil sie das für die Photosynthese erforderliche Wasser in ihrem Körper speichern. |

Bitte merken: Gegossen werden Pflanzen, die aktiv wachsen. Bei einer Tageslichtintensität unter 1000 Lux faulen sonst selbst bei den pflegeleichtesten Schattenpflanzen die Wurzeln.

## Der Pothos-Test

Zimmerpflanzen gießt man »nach Bedarf«. Womit sich die Frage stellt: Woher weiß ich, wann meine Pflanze Wasser braucht? Stellen Sie für diesen Test eine Efeutute (Pothos) an eine Stelle, wo sie helles, indirektes Licht bekommt – am Höhepunkt des Tages mehr als 2150 Lux. Eine gut hydrierte Efeutute hat dann Blätter mit viel Spannkraft (siehe Folgeseite). Schieben Sie nun ein Holzstäbchen vorsichtig mehrfach in die Erde und verschaffen Sie sich damit einen Eindruck von gleichmäßig feuchtem Untergrund. Und nun lassen Sie die Pflanze dort wachsen. Nach einigen Tagen sind die Blätter weniger prall. Tasten Sie wieder mit dem Stab herum. Die Erde dürfte jetzt trockene Stellen haben. Normalerweise müssten Sie jetzt gießen, aber für dieses Experiment warten Sie noch ein wenig ab. Einen bis zwei Tage später erschlaffen die Blätter und werden sichtlich welk. Machen Sie eine erneute »Stäbchenprobe«. Vermutlich ist die Erde nun hart und brüchig. Wie kommt das? Die Wurzeln haben unablässig Feuchtigkeit aufgenommen und in die Blätter transportiert. Dort wurde das Wasser teilweise mit Kohlendioxid zu Zucker umgebaut. Währenddessen wurden die Erdbröckchen zu den Wurzeln gezogen. Nachdem sie buchstäblich ausgesaugt waren, sind sie steinhart zusammengeklumpt. An diesem Punkt kann man die vielen trockenen Bereiche nicht mehr allein durch Gießen erreichen. In Zukunft achten Sie bei dieser Pflanze auf erste Anzeichen des Abschlaffens – dann müssen Sie gießen. Bei der Efeutute ist dieses experimentelle Vorgehen unproblematisch, weil sie so widerstandsfähig ist. Andere Pflanzen wie der Frauenhaarfarn reagieren sehr empfindlich, und ihre Blätter können schon dauerhaft Schaden nehmen, wenn sie nur einen Tag trockenfallen. In solchen Fällen ist es sinnvoll, die Erde täglich mit dem Finger zu prüfen. Viele Zimmerpflanzen wie Bogenhanf oder Zamie nehmen jedoch nichts krumm und welken nicht einmal in vollständig ausgetrockneter Erde. Wenn sie irgendwann doch welken, sind sie schon halb tot. Bei solchen Pflanzen geht es nicht um gleichbleibende Feuchtigkeit. Wässern und belüften Sie sie gründlich, wenn die Erde knochentrocken erscheint.

**LINKS:** Eine Efeutute »Marble Queen«, deren Spannung nachlässt. Wie lange dieser Übergang dauert, hängt von diversen Faktoren (Licht, Temperatur, Luftfeuchtigkeit) ab. Beobachten Sie daher bitte Boden und Blätter.

## Die gut angepasste Pflanze

Mit einem guten Verständnis für Lichtverhältnisse und Wasserversorgung lässt sich abschätzen, wie beides das Wachstum beeinflusst. Die folgenden Illustrationen erleichtern die Beurteilung von Licht, Wasserzufuhr und Anpassungsreaktion.

### SITUATION

Sie kaufen im Fachhandel zwei gleiche Pflanzen und stellen sie zu Hause auf. Eine Pflanze ist näher am Fenster. Dennoch gießen Sie beide vorschriftsmäßig einmal in der Woche. Bei Pflanze A wird der Boden zum Glück innerhalb dieser Zeit trocken genug. Ihr Wasserverbrauch entspricht ungefähr dem Nachschub – sie gedeiht. Im letzten Stadium ist das unterste Blatt gelb. Das liegt vermutlich an der Anpassung an die im Vergleich zur Gärtnerei schlechteren Lichtverhältnisse.

Pflanze B reagiert anders, denn sie bekommt an ihrem Standort viel weniger Licht. Beim sonntäglichen Gießen erhält sie genauso viel Wasser wie Pflanze A, aber ihre Erde trocknet innerhalb einer Woche lange nicht so stark aus. Das frische Wasser sättigt zwar erneut die Erde, aber die Feuchtigkeit wird nicht in Kohlenhydrate verwandelt, weil die Pflanze dafür mehr Licht bräuchte. Mehr als ein *bisschen* Fotosynthese schafft sie nicht. Stattdessen bleibt das Wasser, das von den Wurzeln in die Blätter gepumpt wird, dort einfach sitzen, bis erste Zellen reißen und die Blattspitzen sich dunkelbraun verfärben. Auf die Dauer können die Wurzeln zu faulen beginnen, was irgendwann die ganze Pflanze absterben lässt. »Übergießen« bedeutet also anhaltende Wassersättigung in lichtarmer Umgebung.

---

**Bitte merken**
Gießanweisungen bitte nicht blind befolgen. Ob eine Pflanze Wasser braucht, erkennen Sie durch Beobachtung des Bodens und das Wissen, wie feucht diese Pflanzenart es gern hätte.

---

## SITUATION

---

Sobald Ihnen klar ist, wie Sie an der Erde ablesen, wann die Pflanze Wasser braucht, können Sie Ihren Gießrhythmus anpassen. Sagen wir wieder, Pflanze A wäre nach einer Woche trocken genug, wohingegen Pflanze B wegen ihres größeren Abstands zum Fenster diesen Zustand erst nach zwei Wochen erreicht. Jetzt gießen Sie die Pflanze entsprechend ihren Bedürfnissen, denn Sie wissen, dass die Lichtintensität den Unterschied ausmacht.

Irgendwann jedoch fragen Sie sich, wieso Pflanze B mehr Blätter verliert als Pflanze A. Das liegt nun an der Anpassungsreaktion. Als Sie Ihre Pflanzen kauften, waren die saftigen Blätter vorher beim Züchter viele Monate oder gar Jahre unter idealen Bedingungen gewachsen. Jetzt muss Pflanze B bei der Anpassung an schlechtere Lichtverhältnisse ältere Blätter abwerfen, wenn sie neue entwickelt. Man würde ja auch an einem sonnenarmen Standort keine Solarpanels montieren. Viele Menschen stufen Pflanze B als mickrig ein. Ich sehe eher, dass sie sich an ihre Standortbedingungen anpasst. Mit nur zwei bis drei Blättern an der Spitze könnte diese Pflanze viele Jahre weiterleben. Sie hat ihr stabiles, standortgerechtes Gleichgewicht gefunden. Deshalb wirkt eine frisch gekaufte Pflanze immer fehl am Platze, wenn man sie in eine fensterlose Ecke stellt: Sie muss dort Ballast abwerfen.

**Bitte merken**
Pflanzen passen sich nach Kräften an ihren Standort an, doch das Ergebnis ist nicht immer ästhetisch ansprechend. Beide Pflanzen in diesem Beispiel machen aus dem vorhandenen Licht einfach das Beste.

## SITUATION

Was geschieht, wenn Sie faul werden und beide Pflanzen nur noch so häufig gießen wie Pflanze B, also alle zwei Wochen? Da Pflanze A mehr Fotosynthese betreibt, trocknet ihre Erde schneller aus. Sehr trockene Erde im Topf wird auch härter und fester. Beim nächsten Gießen werden einige trockene Bereiche nicht richtig nass. Deshalb welkt die Pflanze, obwohl Sie gegossen haben. Wenn dieser Zyklus länger andauert, saugt sich die verhärtete Erde erst wieder voll, wenn sich die Bodenstruktur normalisiert. Zu lange Trockenheitsphasen hemmen auch das Wachstum.

**Bitte merken**
Bodenpflege bedeutet auch, dass man weiß, wie das Wasser beim Gießen durch die Erde rinnt. Machen Sie sich klar, dass mehr Licht mit häufigerem Wasserbedarf einhergeht. Verfestigte Erde muss vor dem Gießen belüftet werden, damit sich das Wasser gleichmäßiger verteilt.

Einsteiger befürchten oft, dass ihre Pflanze stirbt, wenn diese sich an ihr neues Zuhause anpasst. Aber Pflanzen müssen ältere Blätter abwerfen, um neue zu bilden. Mit der Zeit stellt sich ein Gleichgewicht ein, bei dem sich Blattneubildung und Blattverlust die Waage halten. Dann hat sich die Pflanze gut angepasst, aber das heißt nicht, dass sie auf Dauer so bleibt. Diese Aussage gilt besonders für tropische Blattpflanzen, die meist keine jahreszeitlich bedingten Ruhephasen kennen, in denen

alle Blätter absterben, bis die Pflanze aus ihrer Knolle oder Zwiebel neu austreibt.

Inzwischen verstehen Sie sicher, warum »nicht zu viel gießen« kein sinnvoller Rat ist. Er erzeugt allenfalls Angst vor dem Gießen, nicht jedoch Verständnis für Lebensrhythmen. Wenn Sie Ihrer Pflanze das passende Licht zukommen lassen, sie nach Bedarf mit Wasser versorgen und durch gelegentliches Belüften die Bodenstruktur verbessern, damit die Erde nicht zu fest wird, ist sie zufrieden.

Entwickeln Sie gesunde Akzeptanz: In der Natur geht es nicht um Ästhetik, sondern ums Überleben, und dabei können Sie Ihre Pflanzen unterstützen.

# 8. Zurückschneiden, Vermehren und Umtopfen

Unter dem Oberbegriff »Pflege« können Sie viel für Ihre Pflanzen tun. In diesem Kapitel geht es um Pflegemaßnahmen, die alle Pflanzenbesitzer kennen sollten. Vergegenwärtigen Sie sich dazu bitte folgendes Grundprinzip:

Wie lange soll meine Pflanze zufrieden sein?

- Eine Woche: Täglicher Wechsel zwischen Licht und Dunkelheit.
- Einen Monat: Ausreichend Wasser geben und den Boden belüften.
- Mehrere Monate: Abgestorbenes Material entfernen.
- Ein Jahr: Düngen und eventuell zurückschneiden.
- Mehrere Jahre: Umtopfen.

In Bezug auf Licht und Boden haben wir uns bereits mit Lichtmessung, Wasserzufuhr, Belüftung und Düngen befasst. Aber was hat es später mit Rückschnitt, Vermehren und Umtopfen auf sich?

**RECHTS:** Im Vergleich zu ihren Artgenossen in der Natur sind Zimmerpflanzen in der Regel relativ klein. Ein Rückschnitt ist daher ein stärkerer Eingriff als bei einem Baum im Freien. Unter guten Bedingungen wächst eine Pflanze (wie dieser Drachenbaum) jedoch mit der Zeit so stark, dass ein Rückschnitt unvermeidlich wird. Man kann dadurch stark verzweigte Exemplare beliebter Zimmerpflanzen erzeugen.

## Rückschnitt

Ein Rückschnitt dient dazu, bestimmten Ästen die erwünschte Form zu geben oder eine Verzweigung anzuregen. Nicht jede Zimmerpflanze braucht einen Rückschnitt, aber bei einigen, zum Beispiel dem Geldbaum, würden die Stängel sich biegen oder brechen, wenn sie ungehindert Blätter bilden dürften. Vielfach geht es jedoch um ästhetische Ansprüche: Wir streben ein bestimmtes Erscheinungsbild der Pflanze an.

Im Vergleich zu ihren Artgenossen in der Natur sind Zimmerpflanzen in der Regel relativ klein. Ein Rückschnitt ist daher ein stärkerer Eingriff als bei einem Baum im Freien. Unter guten Bedingungen wächst eine Pflanze (wie der Drachenbaum auf der vorherigen Seite) jedoch mit der Zeit so stark, dass ein Rückschnitt unvermeidlich wird. Man kann dadurch stark verzweigte Exemplare beliebter Zimmerpflanzen erzeugen.

## Stockteilung und Ausläufer

Viele Pflanzen lassen sich verjüngen, indem man ihre Wurzeln durchschneidet (Stockteilung). Das funktioniert besonders bei buschigen, kompakt wachsenden Pflanzen wie Farnen, Einblatt, Grünlilie oder Bogenhanf. Halbieren Sie Wurzelstock oder Rhizom mit einem sauberen, scharfen Messer und setzen Sie die Teile in passende Töpfe. Wie jede frisch umgetopfte Pflanze gehören diese Exemplare in helles, indirektes Licht ohne direkte Sonne. Achten Sie auf gleichmäßig feuchte Erde. Anfangs sehen beide natürlich wie halbe Pflanzen aus, aber sobald die Wurzeln sich neu sortiert haben, treiben sie frische Blätter aus.

Mitunter bildet eine Pflanze etwas abseits vom eigentlichen Stamm einen Ausläufer. Bogenhanf und Ufopflanze (Pilea) machen das besonders gern. Sobald die Jungpflanze etwa ein Drittel der Größe der Mutterpflanze erreicht, kann man die Pflanzen aus dem Topf entnehmen, den Trieb mit einem scharfen Messer abschneiden und beide Pflanzen in zwei separate Töpfe setzen.

## Stecklinge

Mit Stecklingen kann man herumexperimentieren und viel über Pflanzenentwicklung lernen. Wenn Sie allerdings weder Treibhaus noch Wintergarten haben, sollten Sie nicht mit Pflanzen wie aus der Gärtnerei rechnen. Stecklinge kann man aus Stängeln oder Blättern ziehen.

**OBEN:** Stecklinge sind ein so elementarer Bestandteil der Zimmerpflanzenhaltung, dass es dafür elegante Gefäße gibt.

## Stecklinge aus Stängeln:

Das Heranziehen neuer Pflanzen aus Stängeln ist ausgesprochen einfach. Dafür schneidet man ein Stück vom Hauptast oder der Ranke einer Pflanze ab, lässt es Wurzeln treiben und pflanzt die junge Pflanze schließlich ein. Diese Methode eignet sich besonders für Schlingpflanzen wie Efeutute und Philodendron. Wenn der Stängel lange genug im Wasser bleibt, treibt er irgendwann neue Wurzeln.

① Efeututen »Golden« und »N'Joy« vor der Bearbeitung.

② Die Hauptranke in Stücke schneiden. Jedes Stück braucht eine Knospe (Nodium), ein Stück Trieb und ein Blatt.

③ Reste der Hauptranke und beschädigte Blätter wegwerfen.

④ Innerhalb weniger Wochen wachsen dem Trieb neue Wurzeln. Sobald die Wurzeln zwei Zentimeter lang sind, darf der Steckling in einen Topf umziehen.

⑤ Im Wasser sieht man nicht nur, wann sich die Wurzeln bilden, sondern man kann den Trieb auch hübsch präsentieren – heben Sie interessante Flaschen und Gläser gut auf oder gehen Sie stöbern!

## Stecklinge aus Blättern:

Die Vermehrung über Blätter eignet sich besonders für Sukkulenten. Wenn Sie ein gesundes Blatt von der Pflanze abknipsen und auf eine trockene Oberfläche legen, verschorft die Schnittstelle innerhalb von ein bis zwei Tagen. Danach setzen Sie das Blatt auf feuchten Sand (oder stecken es wieder in den Topf der Mutterpflanze). Im Verlauf einiger Monate entwickelt sich aus dem Blatt eine neue Pflanze. Das Gleiche kann passieren, wenn versehentlich ein Sukkulentenblatt abbricht und es im Topf oder auf dem Fensterbrett liegen bleibt. Dann bilden sich nach ein paar Wochen diverse neue Wurzeln.

① Geldbaumblätter treiben auf einem Substrat aus Torf, Perlit und grobkörnigem Sand Wurzeln.

② Die Schlangen-Fetthenne *(Sedum morganianum)* bildet lange Triebe. Solche Triebe kann man auf feuchten Sand setzen. Binnen weniger Monate bis zu einem Jahr …

③ ... können Sie den ganzen Prozess bereits wiederholen.

④ Um Pflanzen über Blattstecklinge zu vermehren, kann man sogar ein Stück von einem Blatt abschneiden und mit der Schnittfläche in den Boden stecken. Jede Ader des Blattes kann potenziell Wurzeln bilden, aus denen eine neue Pflanze entsteht. Diese Methode funktioniert mit Zwergpfeffer (oben), Bogenhanf und Begonie.

---

**Allgemeine Hinweise zum Vermehren**

- Verwenden Sie sehr scharfes, sauberes Werkzeug (Messer oder Schere).
- Wechseln Sie bei Stecklingen aus Stängeln das Wasser, sobald es eintrübt.
- Keine direkte Sonne! Indirektes Licht jeglicher Stärke reicht aus.
- Halten Sie Ihre Stecklinge warm. Bei den üblichen Zimmerpflanzen fördert Wärme die Wurzelbildung.
- Bleiben Sie geduldig. Nach dem Umsetzen in Erde dauert es einige Wochen bis Monate, ehe die Pflanze eine ansehnliche Größe erreicht.

## Frische Erde: Umtopfen oder Nachfüllen

Umtopfen oder nicht? Diese Entscheidung musste ich schon häufig treffen. Manche topfen jede neue Pflanze sofort um, weil sie glauben, der »billige Plastiktopf« würde nicht reichen. Dabei sind diese Töpfe perfekt für die Bodenpflege. Andere tragen sich immer wieder mit dem Gedanken, raffen sich aber erst auf, wenn es zu spät ist und ihre Pflanzen furchtbar aussehen – dann ist die Mühe angesichts der subjektiven Lebensspanne vergebens. Denn während man die Sache vor sich herschiebt, wachsen die Wurzeln weiter, notfalls sogar durch das Drainageloch. Innerhalb eines Jahres entsteht dabei ein dichtes, rundes Wurzelgeflecht rund um den Topf.

Bei diesen Anzeichen sollten Sie spätestens umtopfen:

- Es wachsen unten oder oben Wurzeln aus dem Topf, oder sie bilden einen festen Kreis um den Topfboden.
- Die Erde wurde mindestens ein Jahr nicht gewechselt (Nährstoffe gehen zur Neige).
- Die Erde ist völlig verfestigt.
- Die Erde zerfällt und hält bei Nässe nicht mehr zusammen.
- Die Pflanze hat eine unpraktische Höhe erreicht.

Abgesehen von äußeren Anzeichen müssen Sie auch beachten, wie lange die Pflanze schon in ihrem Topf steht. In den genannten Situationen wächst die Pflanze meist schon mindestens ein Jahr lang in derselben Erde. Zur Diagnose »Umtopfen erforderlich« gehören also der Blick auf die Anzeichen und die Überlegung, wie lange das letzte Umtopfen her ist. Wenn Sie sich nicht entscheiden können, hilft meist auch eine neue Erdschicht obenauf. Dazu entfernen Sie einen Teil der alten Erde von der Oberfläche (ein paar Fingerbreit). Fügen Sie danach frische Erde hinzu, die ähnlich durchlässig ist wie die bisherige. Mischen Sie vorsichtig die alte und die neue Erde im Topf. Dabei geht es nicht um Perfektion; mit der Zeit finden die Nährstoffe aus der frischen Erde schon ihren Weg zu den Wurzeln.

**Topfgröße:** Die Topfgröße wird häufig überschätzt. Es stimmt nicht, dass Wurzeln sich mit mehr Platz wohler fühlen. Ein bisschen zu eng ist meist besser als zu locker. Dafür gibt es vor allem einen Grund: Die Wurzeln sollten möglichst viel Volumen im Topf einnehmen, denn beim Gießen sollte die Feuchtigkeit auch die Wurzeln erreichen. In nicht durchwurzelten Ecken im Topf bleibt die Erde länger feucht. Wo sich dauerhaft abgestandene Feuchtigkeit ansammelt, können sich Fäulnisbakterien leicht vermehren und die Wurzeln angreifen

Lockern Sie vorsichtig die Wurzeln einer Pflanze, die schon aus dem Topf herausgewachsen ist. Ein Teil wird abbrechen, wächst dann jedoch kräftiger nach. Umtopfen ist bei eher trockener Erde einfacher.

## Umtopfen: So geht's

Beim Entnehmen einer Pflanze aus ihrem Topf sorgen einige Handgriffe dafür, dass die Wurzeln sich hinterher rascher regenerieren.

**1. + 2.**

Aus dem Topf nehmen: Einen Kunststofftopf beim Entnehmen der Pflanze vorsichtig im unteren Bereich zusammendrücken. Bei einem festeren Topf können Sie den Wurzelballen beim Herausziehen mit einer kleinen Kelle von den äußeren Rändern lösen.

**3.**

Faulende Wurzeln sind dunkelbraun oder schwarz und schimmlig. Solche Wurzeln schneiden wir ab!

**4.**

Den Ballen mit einem Stäbchen sanft auflockern. Die Wurzeln sollen dabei möglichst wenig verletzt werden (auch wenn dies nicht so schlimm wäre). Wichtiger ist es, sie etwas zu entwirren, damit sie in der neuen Erde gut anwachsen.

**5.**

Legen Sie statt der üblichen Tonscherbe lieber ein Stück Wurzelvlies über das Drainageloch. Mit einer einzigen Rolle kommen Sie viele Jahre aus. Das ist preiswert, wasserdurchlässig, und wer hat schon noch zerbrochene Töpfe herumstehen?

**6. + 7.**

Den Boden mit etwas Erde füllen und diese leicht andrücken. Diese Grundschicht sollte so hoch sein, dass die Pflanze bequem darin stehen kann und noch ein Fingerbreit Platz unter dem Topfrand bleibt. Das erleichtert später das Gießen: Das Wasser kann sich auf der Erde sammeln und allmählich einsickern, sodass sich die Feuchtigkeit gleichmäßig verteilt.

**8.**

Die Pflanze mittig in den Topf setzen.
Mit einer kleinen Schaufel seitlich rundum mit Erde auffüllen. Rütteln Sie ein wenig dabei, damit sich die Erde um die Wurzeln verteilt und alle Zwischenräume besetzt.

**9.**

Am Ende sollte der Topf bis oben hin voll Erde sein. Jetzt die Erde sanft andrücken. Danach sollte sie mindestens einen Zentimeter unter dem Topfrand enden. Ich halte die Blätter gern mit einem Vorhangband zusammen. So habe ich die Erde besser im Blick.

**10.**

Wenn die Erde mit dem Topfrand abschließt oder gar darüber hinausragt, wird es schwierig mit dem Gießen, weil das Wasser immer etwas Erde mitreißen und verteilen wird. Achten Sie daher bei jedem Umtopfen auf einen ausreichenden Gießrand. Nur so kann das Wasser langsam in die gesamte Erde einsickern.

**11.**

Die frisch getopfte Pflanze in der Spüle oder in einer Kunststoffwanne gründlich wässern. Das Wasser muss ablaufen können. Stellen Sie die Pflanze anschließend an einen Ort mit viel Himmelslicht, aber ohne direkte Sonne. Sie braucht jetzt helles, indirektes Licht und sollte nicht von der Sonne verbrannt werden. Beim nächsten Gießen kann sie an ihren üblichen Standort umziehen.

## 9. Schädlinge

Zimmerpflanzen können bestimmten Schädlingen zum Opfer fallen, deren natürliche Fraßfeinde im Haus fehlen. Gerade für Neulinge ist Schädlingsbefall oft schwer zu erkennen. Je nach Alter, Seltenheit und dem monetären und gefühlsmäßigen Wert einer Pflanze sowie dem Schweregrad des Befalls muss man sich entscheiden, ob man das Exemplar aus Zeitgründen und zum Schutz der restlichen Sammlung vielleicht doch lieber entsorgt. Nichts ist für immer.

**RECHTS:** Dieser gründlich gezupfte Geldbaum hat Schmierläuse. Mit den entfernten Blättern verschwindet ein Großteil des Befalls. Zugleich wird das Pflanzenwachstum angeregt.

## Vorbeugung

Wichtig ist zunächst einmal, sich keine infizierten Pflanzen ins Haus zu holen. Inspizieren Sie die Pflanze daher schon im Geschäft oder in der Gärtnerei sorgfältig. Werfen Sie einen Blick unter die Blätter und auf die Erdoberfläche. Gärtnereien und Gartencenter beobachten ihre Ware in aller Regel selbst sehr aufmerksam, um Schädlinge rechtzeitig auszumerzen. Hin und wieder sieht eine frische Lieferung anfangs noch gut aus, aber wenn die Pflanzen längere Zeit im Verkaufsbereich stehen, werden sie schwächer und anfälliger.

Trotz aller Vorsicht gelangen mitunter unerwünschte Gäste ins Haus. Häufig schlummern die Eier bereits in der Erde und warten auf die passende Gelegenheit. Geschwächte Pflanzen sind ein gefundenes Fressen. Eine gesunde Pflanze, die im richtigen Licht wächst und angemessen gewässert wird, ist meist widerstandsfähiger.

Zimmerpflanzenschädlinge breiten sich wegen der stabilen Umweltbedingungen im Haus und fehlender Fressfeinde leicht aus. Deshalb sollte man eine Pflanze bereits beim geringsten Anzeichen für einen Befall isolieren. Eine Behandlung mit Insektiziden sollte abseits der anderen Pflanzen erfolgen, am besten im Freien oder in einem großen Ablaufbecken.

## Allgemeine Abwehrmaßnahmen

Im Folgenden beschreibe ich einige allgemeine Techniken zur Schädlingsbekämpfung. Egal wofür Sie sich entscheiden, achten Sie bei Ihren Pflegemaßnahmen immer auf die Abfolge: von den äußeren Blättern hin zu den inneren, von oben nach unten. Wenn man so vorgeht, werden Schädlinge nicht so leicht auf andere Pflanzenteile verschoben, wo sie übersehen werden könnten.

**Rückschnitt:**
Die meisten Pflanzenschädlinge bewegen sich eher langsam und sammeln sich an den Triebspitzen junger Blätter. Durch Abknipsen dieser Triebe werden Sie bereits einen Großteil des Befalls los.

**Spritzen:**
Wenn Sie ein Insektizid verwenden, ist es mit einmaliger Anwendung selten getan. Da die Eier von Schädlingen äußerst widerstandsfähig sind, ist damit zu rechnen, dass der Befall wieder aufflackert. Manchmal muss man sich damit zufriedengeben, ein niedriges Niveau zu halten, weil das vollständige Ausmerzen kaum machbar ist.

**Umtopfen:**
Bei Schädlingen, die sich in der Erde vermehren, hilft es oft, möglichst viel Erde zu ersetzen. Entfernen Sie in diesem Fall beim Umtopfen mehr alte Erde als sonst. Am besten säubern Sie den Wurzelballen direkt über der Mülltüte.

## Zimmerpflanzenschädlinge (nach Schädlichkeit)

### TRAUERMÜCKEN

**OBEN:** Eine Trauermücke auf einer Pachira.

Trauermücken fallen meist erst auf, wenn die adulten Tiere (kleine schwarze Fliegen) bei einer Störung aufstieben. Die silbrigen Larven sind sehr klein (nicht einmal einen Millimeter lang). Unmittelbar nach dem Gießen kann man gut sehen, wie sie in der Erde umherkriechen. Sie mögen feuchte, kompostreiche Erde und leben von Pilzen.

**Schäden:** Trauermücken sind in erster Linie lästig, aber nicht unbedingt gefährlich. Ein paar Exemplare hier und dort schaden den Pflanzen nicht.

**Bekämpfung:** Adulte Tiere können Sie mit den typischen gelben Klebefallen fangen – oder in einer Schale Seifenwasser. Falls Sie die Erde entdecken, in der die Larven stecken, sollten Sie die oberste Schicht entnehmen oder die ganze Pflanze umtopfen. Die beste Gegenmaßnahme ist der Verzicht auf komposthaltige Pflanzenerde. Allerdings müssen Sie in diesem Fall auf Mischungen aus Torf und Perlit zurückgreifen. Ohne Kompost müssen die nötigen Nährstoffe durch Pflanzendünger zugeführt werden.

## THRIPSE

**OBEN:** Adulter Thrips auf einer Neon-Efeutute. Beachten Sie die durchscheinenden Flecken. Das sind typische Hinweise auf Thripsbefall.
Die Larven sind durchscheinend gelblich und etwas kleiner als die dunklen, erwachsenen Tiere.

Adulte Tiere sind dunkelbraun und krabbeln davon, wenn man sie stört. Die Larven sind durchscheinend gelblich und krabbeln auf den Blattoberflächen herum.

**Schäden:** Thripse nagen an der Blattoberfläche und hinterlassen entfärbte Flecken.

**Bekämpfung:** Achten Sie auf die blassen Larven auf den Blättern. Wischen Sie Larven mit einem eingeseiften Papiertaschentuch ab. Stark befallene Blätter sollten Sie im Zweifelsfall abschneiden. Wenn Sie genug Platz haben, können Sie die Blätter auch wiederholt mit pflanzenverträglichen Ölen besprühen.

## SCHMIERLÄUSE

**OBEN:** Schmierläuse auf einem Geldbaum.

Schmierläuse (auch: Wollläuse) haben Fühler und kriechen bei Störungen sehr langsam. Die Eier und die Larven stecken meist in Einbuchtungen. Man bemerkt pulverige weiße Klumpen oder winzige weiße Punkte auf den Blättern.

**Schäden:** Schmierläuse saugen zuckerreichen Pflanzensaft aus allen Pflanzenteilen, am liebsten aus jungen Trieben. Wenn sie sich ungebremst vermehren, geht die dadurch geschwächte Pflanze irgendwann ein.

**Bekämpfung:** Schmierläuse sind auffällig. Sobald Sie etwas Weißes, Fusseliges auf einer Pflanze bemerken, sollten Sie genauer hinsehen. Bei einer Pflanze, die einen Rückschnitt gut verträgt (zum Beispiel einem Geldbaum), können Sie die befallenen Bereiche einfach wegschneiden. Die restlichen Schmierläuse sterben, wenn man sie mit einem in Spiritus getauchten Wattestäbchen betupft. Dickblättrigen

Pflanzen schadet die austrocknende Wirkung des Alkohols normalerweise nicht. Bei empfindlicheren Arten wie der Fittonie muss man die verbliebenen Schmierläuse eventuell mit einer Pinzette entfernen.

## SPINNMILBEN

**GANZ OBEN:** Spinnmilben auf einem Drachenbaum »Torch Cane«.

**OBEN:** Körnige Flecken auf der Blattunterseite – ein klassisches Zeichen für Schäden durch Spinnmilben.

Bei allen Pflanzen, die in einer trockenen Umgebung direkter Sonne ausgesetzt sind, müssen Sie auf feines Gespinst in den Blattrippen achten. Wenn Ihnen so etwas auffällt, schauen Sie genauer hin: Spinnmilben sind sehr kleine, nicht einmal einen Millimeter lange gelbliche oder hellbraune Tierchen.

**Schäden:** Spinnmilben saugen den kostbaren Pflanzensaft. Sie greifen vor allem frische Knospen an. Die Blätter verformen und verfärben sich. Ohne Gegenmaßnahmen können Spinnmilben eine Pflanze absterben lassen und sich auf andere Pflanzen im Haus ausbreiten.

**Bekämpfung:** Stark befallene Blätter oder Stängel abknipsen. Auf diese Weise entfernen Sie einen Großteil des Befalls, denn die Milben bevorzugen zarte junge Triebe. Es geht also um einen erzwungenen Rückschnitt. Kaufen Sie ein pflanzenfreundliches Öl, Neemöl oder Seife aus Lorbeer- und Olivenöl (kein Geschirrspülmittel verwenden!). Verrühren Sie einen Esslöffel Öl mit einem Liter weichem oder destilliertem Wasser und füllen Sie die Lösung in eine Sprühflasche. Das Wasser sollte lauwarm sein. Decken Sie die Erde im Topf vor dem Besprühen mit einer Plastiktüte ab, damit die Milben nicht einfach dort landen und wieder hochkrabbeln können. Die gesamte Pflanze von oben nach unten besprühen. Eine Stunde einwirken lassen und dann mit Wasser abduschen. Diese Prozedur muss eventuell mehrfach wiederholt werden.

Spinnmilben sind nur schwer vollständig auszumerzen, denn die winzigen Eier können sich entlang der Pflanze in jeder kleinsten Nische verstecken.

## SCHILDLÄUSE

**OBEN:** Schildläuse auf einem Fensterblatt.

Bei unbeweglichen braunen oder schwarzen Punkten, die sich entlang der Stängel oder auf Blättern sammeln, liegt ein Schildlausbefall vor. Jüngere Schildläuse können sehr langsam kriechen und haben sichtbare Beine. Wenn sie eine passende Stelle finden, bleiben sie dort und bilden eine schützende Kapsel.

**Schäden:** Wie Spinnmilben leben auch Schildläuse von Pflanzensaft. Irgendwann sind anfangs wunderschöne Blätter von bräunlichen Knubbeln bedeckt. Ein sehr starker Befall kann eine Pflanze umbringen. Deshalb sollte man frühzeitig eingreifen.

**Bekämpfung:** Rückschnitt ist eine effektive Methode, weil Schildläuse kaum mobil sind. Gut erkennbare Tiere können Sie auch mit einem in Spiritus getauchten Wattestäbchen betupfen. Für den Rest reicht das Ölspray, das bei der Bekämpfung von Spinnmilben beschrieben ist. Das Spray wöchentlich einsetzen und zwischendurch immer wieder Tiere direkt abtöten. Wenn Ihnen das zu viel Aufwand ist, sollten Sie die Pflanze gleich entsorgen, damit sich das Problem erledigt hat.

# 10. Zimmerpflanzen kaufen

*Wo bekomme ich diese Pflanze?* Auf diese Frage gibt es keine Standardantwort. Meine Pflanzen besitze ich, weil sie mir irgendwann einmal im Fachhandel aufgefallen sind. Es gibt so viele verschiedene Arten und Unterarten, dass das Angebot von Gärtnereien und Gartenmärkten üblicherweise wechselt. Anbieter vor Ort wiederum sind bei ihren Importen auf das angewiesen, was ihre Großhändler gerade liefern können. Manche ziehen Jungpflanzen dann zu einer ansprechenden Größe heran.

Darum stöbere ich so gern in meinen Lieblingsgeschäften, denn ich halte immer Ausschau nach interessanten neuen Arten für meine Sammlung. Fragen Sie ruhig, ob man Ihnen eine bestimmte Art besorgen kann. Bei ausreichend Nachfrage nimmt Ihr Händler sie vielleicht in sein Sortiment auf.

In diesem Kapitel erkläre ich, was Sie in unterschiedlichen Geschäften erwarten können.

**RECHTS:** Große Auswahl in der Gärtnerei.

**OBEN LINKS:** Manche Gärtnereien halten eine breite Auswahl an Zimmerpflanzen bereit.

**OBEN RECHTS:** Tauschbörsen: Auf Tauschbörsen kommt man günstig an neue Pflanzen und kann sich wunderbar mit anderen Pflanzenfans unterhalten.

**MITTE LINKS:** Im Fachhandel herrscht vielfach die Qual der Wahl. Ich brauche Stunden, um diese Schlangen-Fetthennen zu sichten.

**MITTE RECHTS:** Diese vergeilte Dieffenbachie war »in gute Hände abzugeben«.

**LINKS:** Der Fachhandel stellt seine Pflanzen ansprechend zur Schau.

**Gärtnerei:** Gärtnereien haben normalerweise die beste Auswahl. Wer ein besonders schönes Exemplar einer bestimmten Art sucht, sollte die entsprechende Gärtnerei aufsuchen. Hier sind die Pflanzen in der Regel kräftiger und gesünder, als wenn sie schon wochenlang unter schlechteren Lichtverhältnissen im Laden darben. Gärtnereien bieten ihnen optimale Wachstumsbedingungen, und das Personal weiß, was es tut.

**Fachgeschäft:** Fachgeschäfte werden meist von Menschen geführt, die ihre Pflanzen lieben und ihre Kundschaft gern beraten. Das Charmante an solchen kleineren Läden ist, dass man sich hier gut vorstellen kann, wie eine Topfpflanze später in der eigenen Wohnung aussieht. Die Pflanzenauswahl ist oft handverlesen und mitunter künstlerisch gestaltet.

**Baumarkt:** Hier sind die Preise besonders günstig, und das Angebot kann überraschend vielfältig sein. Allerdings sind die Angebotsflächen nicht unbedingt wachstumsfördernd ausgeleuchtet, sodass die Pflanzen langsam sterben. (Bei Pflanzen, die in solchen Läden Wasser bekommen, faulen oft die Wurzeln.) Frische Pflanzen können Sie hier retten! Anders ist es in Baumärkten mit eigenem Gartencenter. Der Gartenmarkt ist in der Regel von Frühjahr bis Herbst gut bestückt und gut beleuchtet. Die Pflanzen können also weiterwachsen, bis sie adoptiert werden. Wer ein schönes Exemplar einer gängigen Art sucht, wird hier preisgünstig fündig.

**Supermarkt:** Das Angebot ist ähnlich wie in Baumärkten. Die Auswahl ist zumeist stark begrenzt.

**Tante-Emma-Laden:** Wenn der Inhaber oder die Inhaberin Pflanzen liebt, sind Sie hier gut aufgehoben. Die Auswahl ist nicht groß, aber vielleicht finden Sie hier das gesuchte Kleinod.

**Kleinanzeigen:** Wenn Pflanzen älter werden, verlieren manche Besitzer die Lust daran – für sie hat diese Pflanze ihre subjektive Lebensspanne erreicht. Solche Pflanzen werden gern in gute Hände abgegeben. Wer sich nicht vor Rückschnitt und Umtopfen scheut, kann auf diese Weise günstig seine Sammlung erweitern. Obendrein kommt man so an ungewöhnliche Exemplare, weil Pflanzen immer auf ihre Umgebung und Pflege reagieren. Holen Sie sich dabei aber nicht aus Versehen Schädlinge ins Haus – vernachlässigte, kränkliche Pflanzen sind besonders anfällig.

**Hobbyzüchter:** Im Austausch mit Gleichgesinnten kann man wunderbar das eigene Wissen erweitern und Wertschätzung für die Methoden anderer entwickeln. Gehen Sie auf die Suche nach anderen Pflanzenliebhabern vor Ort, die bereitwillig erzählen und Stecklinge tauschen. Stecklinge ziehen ist eine Geduldsprobe, aber auch eine beglückende Erfahrung.

**Tauschbörsen:** Auf Tauschbörsen kommt man günstig an neue Pflanzen und kann sich wunderbar mit anderen Pflanzenfans unterhalten.

**Social Media:** Hier bekommen Großhändler und Zuchtbetriebe wertvolle Impulse. Wenn sie die Feeds zu beliebten Zimmerpflanzen-Accounts beobachten, erfahren sie mehr über die aktuelle Nachfrage nach bestimmten Arten und sehen, welche Bilder am meisten Anklang finden. 2019 waren zum Beispiel Geigenfeige, Fensterblatt und Chinesischer Geldbaum besonders gefragt.

**UNTEN:** Auf dem Weg nach Hause.

**RECHTE SEITE:** Diese Jungpflanzen brauchen noch Zeit.

## Augen auf beim Pflanzenkauf

**Schädlingsbefall:** Sehen Sie sich vor dem Kauf einer Pflanze stets im ganzen Laden um. Jeglicher Schädlingsbefall ist ein Stoppsignal. Gehen Sie lieber nach Hause, sonst kaufen Sie womöglich doch etwas Hübsches. Eine befallene Pflanze mitzunehmen ist riskant, weil die Schädlinge sich auf andere Pflanzen ausbreiten könnten.

**Die richtige Größe:** Die Zuchtstation ist ein Fitnesscenter für Jungpflanzen. Dort herrschen optimale Bedingungen, um hochwertige Exemplare zu erzeugen. Eine schöne Pflanze zu Hause ein ganzes Jahr zu erhalten ist bereits eine Leistung. Deshalb sollten Sie genau die Größe kaufen, die Sie sich aktuell wünschen. Experimentierfreudige Pflanzenfreunde können eine Nummer kleiner anfangen und ihr Glück versuchen. Rechnen Sie jedoch nicht damit, dass ein Drachenbaum im Zehnzentimetertopf so prächtig wird wie das Bäumchen daneben im 20-Zentimeter-Topf.

**Der Transport nach Hause:** Im Auto kommt es darauf an, dass der Topf nicht umkippt und die Blätter möglichst wenig Schaden nehmen. Auf Nachfrage bekommt man im Fachmarkt häufig passende Transportschalen.

Not Ready
For Sale

# 11. Nützliche Hilfsmittel

Wie bei jedem Hobby erleichtert das passende Werkzeug die Arbeit. Probieren Sie ruhig, welche Alltagsgegenstände dafür ebenfalls geeignet sind und zum Improvisieren taugen.

## ① Gießkanne

Da die gezielte Wasserversorgung der Zimmerpflanzen so wichtig ist, sollten Sie in eine gute Gießkanne investieren. Achten Sie auf eine lange Tülle. Es kommt darauf an, den Wasserstrahl exakt zu dosieren und dorthin zu lenken, wo die Blätter aus der Erde sprießen. Außerdem sollte die Kanne problemlos unter den eigenen Wasserhahn passen. Eine stabile Gießkanne mit langer Tülle ist ungemein praktisch. Man kann durchaus mehrere an verschiedenen Stellen bereithalten.

## ② Belüftungsstab

Ich selbst komme beim Belüften der Erde mit einem Essstäbchen perfekt zurecht, weil das stumpfe Ende die Wurzeln kaum beschädigt. Edelstahlstäbchen halten länger als solche aus Holz, die nach wenigen Monaten zu zerfallen beginnen. Ich habe diverse Stäbchen in verschiedenen Töpfen stecken – so ist immer eines griffbereit.

**RECHTS:** Die Gießkanne darf ruhig dekorativ sein.

Black Orchid Tobacco
DELICATE & WARM
SUGAR

①

②

③

④

⑤

⑥

⑦

⑧

⑨

⑩

### ③ Schere mit langem Griff

Eine scharfe Schere mit langem Griff erleichtert den Rückschnitt oder das Entfernen toter Blätter.

### ④ Bratenspritze

Wenn man größere Töpfe gießt und dabei Wasser in die Untersetzer abläuft, lässt sich der Überschuss schnell mit einer Bratenspritze absaugen, ohne schwere Töpfe zu versetzen. Niemand muss verstört zusehen, wie sich das Wasser langsam auf dem Boden ausbreitet.

### ⑤ Feuchte Küchentücher und ein großer Schwamm

Eine Staubschicht auf den Blättern kann die Fähigkeit zu Fotosynthese und Gasaustausch einschränken. Größere Blätter wische ich mit einem feuchten Küchentuch ab und stütze sie dabei auf der Rückseite mit einem Schwamm ab. Dank des sanften Gegendrucks kann ich sorgfältiger arbeiten.

### ⑥ Pflanzensprüher

Wenn man seine Pflanzen unter der Dusche abduscht, verteilt sich das Wasser beim Zurücktragen leicht überall. Eine preiswerte Sprühflasche eignet sich hervorragend für kontrolliertes Sprühen mit etwas Druck. Auch mit gelegentlichem Sprühen kann man die Blätter leichter von Staub befreien.

### ⑦ Handliche Kunststoffwanne

Gar nicht selten möchte man eine ganze Gruppe Pflanzen herumtragen, um sie zu wässern oder umzutopfen. Um dann nicht x-mal hin- und herzulaufen, bietet sich eine kleinere Kunststoffwanne an, die gleich mehrere Pflanzen fasst. Auch das Umtopfen fällt leichter, wenn man sich keine Sorgen um die Erde machen muss, die sich über Boden oder Tisch verteilt. In der Wanne bleibt alles andere sauber.

### ⑧ Packpapier

Beim Transport im Auto kommt es auf einen stabilen Stand an, um die Blätter nicht zu beschädigen. Packpapier lässt sich so zusammenknüllen, dass es sich fest um den Topf legt. Auf diesem Bild schirmt es auch die Blätter vom Rücksitz ab.

### ⑨ Handfeger und Kehrblech

Natürlich geht immer mal etwas daneben. Mit dem Handfeger ist ein kleines Malheur ohne großen Aufwand schnell beseitigt.

### ⑩ Pflegecaddy

Am besten verwahrt man alles Nötige gut geordnet und transportfähig an einem Ort.

**LINKS:**

1. Eine kleine Gießkanne passt unter einen üblichen Wasserhahn im Waschbecken.
2. Stäbchen und Bogenhanf
3. Ein Einblatt stutzen
4. Erste Hilfe gegen kleine Überschwemmungen
5. Ein Einblatt abstauben
6. Duschtag
7. Einfache Methode zum Wässern
8. Ein großes Einblatt transportieren
9. Umgekippter Drachenbaum
10. Pflegetag

# Teil II
# Erfahrungen aus der Praxis

Meine erfreulichsten Erfahrungen als Zimmergärtner beruhen auf dem erlernten Wissen durch das Zusammenleben mit bestimmten Pflanzen. Für mein *House Plant Journal*, mein Zimmerpflanzentagebuch, fotografiere ich täglich meine Pflanzen und schreibe auf, was ich über sie lerne. Im Gegensatz zu Autoren, deren Bücher Hunderte von Pflanzen aufführen, berichte ich im Folgenden konkret von einigen Exemplaren, die mir besonders ans Herz gewachsen sind. So kann ich darstellen, wie sich eine Pflanze im Laufe der Jahre verändert hat, und das wiederum erleichtert Überlegungen, ob und wie man sich selbst auf eine solche Pflanze einlassen könnte. Schließlich möchten wir uns daran erfreuen, wie unsere Schützlinge wachsen und sich verändern.

Im Praxisteil beschreibe ich für jede vorgestellte Art eine Überlebensstrategie, mit der man Pflanzen auch bei ungünstigen Lichtverhältnissen zu einem möglichst langen Leben verhelfen kann. Sie bekommen aber auch eine Wachstumsstrategie für glückliche Pflanzen bei hellem, indirektem Licht. Ergänzend gibt es Tipps zur Bodenpflege und Hinweise zur subjektiven Lebensspanne: Wie lange bleibt eine Pflanze ansehnlich, und was kann man bei Problemen tun?

Ausgewählt habe ich die Tropenpflanzen, zu denen ich mich hingezogen fühle. Von manchen gibt es verschiedene Unterarten, manche haben faszinierende Wachstumsmuster, andere heben und senken im Tagesverlauf ihre Blätter, wieder andere lassen sich leicht vermehren. Die Größe reicht dabei von der raumfüllenden Monstera bis hin zu zarten Ranken. Gemeinsam erschließen sie uns eine Welt, die es zu entdecken gilt.

Mit zunehmendem Selbstvertrauen werden Sie Pflanzen entdecken, die nicht auf meiner Liste stehen. Wer reichlich direkte Sonne hat, wagt sich vie leicht in die Welt der Kakteen und Sukkulenten vor. Schließlich sind die Prinzipien der ganzheitlichen Pflanzenpflege übertragbar. Die Vorstellung einer artspezifischen Gebrauchsanweisung für jede Pflanze ist überholt. Heute bedeutet Pflanzenpflege lediglich kleine Anpassungen, um dieselben Grundbedürfnisse zu stillen.

## Drachenbaum *(Dracaena)*

Ein Drachenbaum wächst immer aus der Spitze eines Stammes heraus. Wenn neue Blätter gebildet werden, sterben ältere, tiefer sitzende Blätter ab. Für schöne Exemplare kürzt man in der Regel den Hauptstamm; dann bilden sich mehrere Seitentriebe. Mitunter werden die Stämme auch gestuft gepflanzt, um eine ansehnliche Pflanze zu erzielen, oder man zieht eine oder zwei Pflanzen zu einem Busch heran. Für kleinere Standorte kann man einen erwachsenen Drachenbaum in mehrere Stümpfe schneiden und diese einzeln großziehen. Pflanzen haben die erstaunliche Fähigkeit, selbst dann weiterzuwachsen, wenn ein großer Teil der Originalpflanze fehlt. In solchen Fällen erwacht schlummerndes Meristem – undifferenzierte Pflanzenzellen, aus denen neue Schösslinge entstehen.

### Überlebensstrategie

Mein Schwiegervater konnte zehn Jahre lang eine *Dracaena fragrans* in einem fensterlosen Flur im Obergeschoss am Leben erhalten. Die Blätter waren lang, schmal und intensiv dunkelgrün. Das Flurlicht dort oben war nachts höchstens vier Stunden angeschaltet, und ich schätze, dass die Blätter nie mehr als 320 Lux bekamen. Allerdings wusste er mit ihr umzugehen. Er hielt die Erde gerade eben feucht und gut belüftet und entfernte alle alten Blätter. Auf diese Weise verbrauchte die Pflanze jegliche Bodenfeuchtigkeit, ehe Bakterien sich breitmachen konnten. Wenn Sie der Meinung sind, eine Pflanze sollte eine dunkle Ecke mit Leben erfüllen, braucht sie eine Behandlung wie auf der Intensivstation, so verzweifelt ringt sie um ihr Leben.

**RECHTS:** Von der Größten zur Kleinsten: *Dracaena marginata, Dracaena deremensis* »Lemon Lime« und *Dracaena deremensis* »Warneckii«

## Wachstumsstrategie

Jeder Ort, an dem Ihr Drachenbaum mehr als 1100 Lux bekommt, gestattet langsames Wachstum, denn *Dracaena* ist eine Schattenpflanze. Bei steigender Lichtintensität werden Ihnen einige Dinge auffallen: Gestreifte Blätter werden kontrastreicher, es fallen weniger tiefsitzende Blätter ab (irgendwann aber doch!), und die Pflanze wird von Jahr zu Jahr merklich größer. Ein paar Stunden direkte Sonne pro Tag sind akzeptabel, aber bei ganztägigem Sonnenkontakt bleichen manche Blätter aus.

## Bodenpflege

Mit dem richtigen Licht tolerieren Drachenbäume sowohl trockene als auch nasse Erde. Mit Trockenheit ist man aber auf der sicheren Seite – Gießmuffel können sich glücklich schätzen. Drachenbäume werden meist schon relativ groß angeboten, sodass man sie zum Wässern nicht so gern herumträgt. Regelmäßiges Belüften der Erde unterstützt eine möglichst gleichmäßige Wasserverteilung. Wenn nach einem guten Jahr die ersten Wurzeln an der Oberfläche hervorlugen oder das Wachstum sich verlangsamt, sollten Sie umtopfen oder die oberste Erdschicht auswechseln.

## Subjektive Lebensspanne

Drachenbäume sind sehr langlebig. Sie wachsen einfach weiter, bis sie die Decke erreichen, aber das dauert ein paar Jahre. An diesem Punkt kann man sie zurückschneiden. Wenn die Pflanze insgesamt gesund ist, bilden sich an der Schnittstelle zwei bis drei neue Triebe. Natürlich sieht sie dann ganz anders aus, aber das liegt in der Natur jedes Rückschnitts.

**OBEN LINKS:** Die *Dracaena* »Torch Cane« hat interessant gekräuselte Blätter. Wie bei allen Drachenbäumen werden die untersten Blätter irgendwann braun und fallen ab. Bei gutem Licht und passender Wasserversorgung sollten Sie sich deswegen keine Gedanken machen.

**OBEN:** Drachenbäume gezielt kultivieren: Gekürzte Stämme mit diversen Triebspitzen.

## Beobachtungen am Drachenbaum

Nach einigen Jahren zeigt ein Drachenbaum sein wahres Wesen. Ein Stamm kann eine ganze Geschichte erzählen: »Damals, bevor dieser Zweig sich gedreht hat …« Wenn Sie die Pflanze drehen, wächst der Stamm stets in Richtung des nächsten Fensters. Durch regelmäßiges Drehen könnte man theoretisch hübsche Spiralen erzeugen.

Die Narben am Stamm zeigen, wo einmal ein Blatt saß. An dieser Pflanze ist der Abstand an den Stellen, die meine Fin-

**RECHTS:** Alternde Drachenbaumblätter tragen Spuren ihres Existenzkampfes. Braune Spitzen wie bei dieser *Dracaena* »Lemon Lime« rühren von Verunreinigungen im Gießwasser her. Ich erwarte von meinen Pflanzen nicht, dass sie makellose Skulpturen darstellen. Solange Lichtmenge und Wasserdosierung stimmen, weiß ich, dass sie zufrieden sind.

ger anzeigen, größer. Durch (sehr grobe) Berechnung der üblichen Zeit, bis ein Blatt abfällt, kam ich darauf, dass der Abschnitt mit den größeren Abständen vor etwa drei Jahren an der Spitze der Pflanze saß. Damals geschah Folgendes: Zu dieser Zeit bezogen wir ein neues Büro und stellten den Drachenbaum in ein helles Fenster. Davor hatte die Pflanze wie eine typische Büropflanze weitab vom Licht in einem Sitzbereich gestanden. Die Spitze hatte sich nach mehr Licht gereckt und langsamer neue Blätter gebildet. Deshalb sitzen die Narben dort weiter auseinander.

**OBEN:** Bei guter Behandlung bildet eine *Dracaena fragrans* einen Blütenstand. Achtung, die Blüten duften intensiv und sondern einen klebrigen Nektar ab, der ziemlich viel Dreck macht.

## Die Vielfalt der *Dracaena*-Blätter

*Dracaena*-Blätter weisen ungeheuer vielfältige Farben und Muster auf, sattgrün, nahezu lila, rote Ränder, Knitterfalten, rasante gelbe Streifen oder gar dreifarbige Kleinode in Rot, Grün und Weiß.

## Geldbaum *(Crassula ovata)*

Der Geldbaum *(Crassula ovata)* mit seinen dicken, tropfenförmigen Blättern und den vielen Verästelungen ist eine beliebte Zimmerpflanze. Jungpflanzen sind komplett grün, aber nach einigen Jahren entwickeln die unteren Äste bei ausreichend Licht eine Art Rinde.

### Überlebensstrategie

Bei einer Helligkeit zwischen 1000 und 3300 Lux sollten Sie nicht erwarten, dass die Blätter Ihres Geldbaums so groß werden wie die beim Kauf. Fernab vom Fenster wächst ein Geldbaum nur langsam und bildet lange Triebe. Bei so wenig Licht kann die Pflanze nur eine minimale Anzahl Blätter an den Triebspitzen ernähren. Ältere Blätter werden abgeworfen, sonst überlebt sie nicht. An so einem Standort sollte man nur vorsichtig gießen, denn hier besteht mangels Licht ein höheres Fäulnisrisiko für die Wurzeln. Nach dem Gießen sollte die Pflanze für einen oder zwei Tage mehr Helligkeit bekommen. Wegen der langen Abstände zwischen dem Bewässern kann die Erde ziemlich kompakt werden und muss daher belüftet werden, damit das Wasser sie gleichmäßig durchdringen kann.

**RECHTS:** Verschiedene Geldbäumchen (im Uhrzeigersinn von oben): *Crassula arborescens undulatifolia*, *Crassula ovata* »Gollum« mit fingerartigen Blättern, *Crassula arborescens*, der klassische grüne Pfennigbaum, *Crassula ovata* »Hummel's Sunset« und in der Mitte *Crassula ovata variegata*.

### Wachstumsstrategie

Ab 5500 oder mehr Lux und ein paar Stunden direkter Sonne zeigt ein Geldbaum, was in ihm steckt. Im Vergleich zum ursprünglichen Zustand wirken neue Triebe vielleicht immer noch zu lang, aber wenn Sie jetzt zurückschneiden, bestehen bessere Aussichten auf zwei neue Triebe innerhalb der nächsten Monate. Die Wasserversorgung lässt sich leicht prüfen, indem man ein Blatt vorsichtig zusammendrückt. Solange es prall und fest ist, brauchen Sie nicht zu gießen. Die Pflanze braucht erst Wasser, wenn die Erde vollständig trocken ist. Wenn die Blätter allerdings runzlig werden, wird es dringend Zeit.

**OBEN:** Eine kleine *Crassula ovata variegata* (links) neben einigen klassischen Pfennigbäumen im Topf (rechts).

### Subjektive Lebensspanne

Mit dem richtigen Licht kann ein Geldbaum viele Jahrzehnte leben. Scheuen Sie sich nicht vor einem Rückschnitt, um die Astbildung anzuregen. Vermehren kann man die Bäumchen über Stecklinge aus Stängeln oder Blättern. Bei größeren Pflanzen ist das natürlich einfacher. Das häufigste Problem ist auf lange Sicht, dass die Erde zu fest wird. Dagegen hilft regelmäßiges Belüften und bei Bedarf Umtopfen. Bei starkem Wachstum braucht ein Geldbaum jedes Jahr einen frischen Topf, ansonsten topft man am besten alle zwei Jahre im Frühling um. Achtung, Geldbäume sind oft kopflastig. Drücken Sie die Erde in Stammnähe gut fest und halten Sie die Pflanze notfalls mit einem Stab aufrecht, bis die Wurzeln den neuen Behälter vollständig ausfüllen. Als Substrat eignet sich für eine bessere Drainage grobkörniger Sand mit Perlit. Bei einem Kunststofftopf (der mehr Wasser zurückhält) sollte der Sandanteil etwas höher sein, bei poröseren Tontöpfen können Sie weniger Sand verwenden.

## Beobachtungen am Geldbaum

**LINKS:** Bei großem Durst werden die Blätter gummiartig und runzlig. Einige Tage nach dem Gießen sind sie wieder straff und fest.

**UNTEN:** Belüften ist beim Geldbaum besonders wichtig, weil die Pflanze gern längere Zeit trockenfällt. Dadurch kann die Erde sehr fest werden, was beim nächsten Wässern die Wiederbefeuchtung behindert.

**OBEN:** Es schadet nichts, wenn die ältesten Blätter braun werden und abfallen.

**RECHTS:** Mit voller Sonne kommt ein Geldbaum zurecht, aber manche Blätter können verbrennen und ausbleichen.

Die »Hummel's Sunset« entwickelt an einem sonnigen Standort einen sehr schönen Orangeton, braucht aber etwas mehr Wasser.

## Geldbaum: Rückschnitt und Vermehrung

**LINKS:** Neue Pflanzen können aus gekappten Triebspitzen oder aus einzelnen Blättern entstehen. Die Schnittstelle zunächst vernarben lassen (das dauert ein paar Tage), dann auf feuchten Sand oder Kakteenerde setzen. Das Ergebnis sieht so aus.

**OBEN:** Wenn Sie nach einem Bäumchen suchen, können Sie die langwierige Verzweigungsarbeit gern der Gärtnerei überlassen. Mit etwas Einsatz und strategischem Rückschnitt schafft man das aber auch selbst.

**OBEN:** Stecklinge aus Blättern und Stängeln. Wer einen Geldbaum besitzt, kann ständig neue Pflänzchen ziehen.

**MITTE RECHTS:** In Minitöpfchen sind junge Geldbäume ein wunderbares Geschenk für andere Pflanzenfreunde.

**UNTEN RECHTS:** Ein frischer Trieb wächst immer nach außen und bildet stets zwei Blätter gleichzeitig. Die Verzweigung lässt sich nur anregen, indem man eine Triebspitze abschneidet (und dann auf Wunsch Wurzeln bilden lässt). Wenn das zu Beginn der Wachstumssaison geschieht und die Pflanze genug Licht hat, zeigen sich innerhalb weniger Wochen zwei neue Spitzen. Einige Wochen nach einem radikalen Rückschnitt (bei dem die meisten Äste mit Blättern abgeschnitten wurden) verfiel dieser Geldbaum in Hyperwachstumsmodus: Er bildete nicht nur an den äußersten Ansätzen Blätter, sondern auch an tiefer gelegenen Augen.

## Känguru-Farn *(Microsorum diversifolium)*

Der Känguru-Farn *(Microsorum diversifolium)* ist mindestens so hübsch wie Schwertfarne *(Nephrolepsis)*, und tote Blätter lassen sich leichter entfernen. Das Entsorgen toter Blätter ist ein unvermeidlicher Bestandteil der Pflanzenpflege. Die Wedel des Känguru-Farns wachsen als pfotenähnliche Einheit und verstreuen sich nicht so weit wie die zahllosen Blättchen, die ein absterbender Schwertfarnwedel hinterlässt.

**Überlebensstrategie**
Einen Känguru-Farn kann man in lichtarmer Umgebung bei um die 1000 Lux durchaus am Leben erhalten. Wachsen wird er dabei nicht viel, und die einst dichten Blätter werden vermutlich ausdünnen, sobald ältere Wedel absterben. Neue Blätter tauchen nur zögerlich auf und bilden oft weniger »Finger« aus.

Solange Sie das Substrat vor dem Gießen vorsichtig belüften, können Sie die Erde nach dem Bewässern vollständig austrocknen lassen. Nach gründlichem Einweichen sollte der Farn ein paar Tage am Fenster stehen, aber vor direkter Sonne geschützt bleiben (zum Beispiel durch einen weißen Vorhang), damit die Pflanze sich wieder sortieren kann.

**Wachstumsstrategie**

Ab etwa 2000 Lux (oder gar mit etwas direkter Sonne) beginnt ein Känguru-Farn zu wuchern. Bei dieser Lichtintensität braucht die Erde reichlich Wasser, sobald sie auch nur teilweise trocken wird (die Farnwedel werden dann sichtbar schlaffer). Belüften beugt einer zu starken Verfestigung des Substrats vor. Sobald neue Wedel entstehen, dürfen Sie düngen. In Wachstumspausen wird nicht gedüngt, denn jetzt ruht die Pflanze sich aus. Nach etwa einem Jahr klettern wahrscheinlich behaarte Rhizome aus dem Topf. Solange nur wenige herausschauen, können Sie gelassen zusehen, aber wenn sie die Außenfläche des Topfes erobern, steht ein Umtopfen an. Gut geeignet ist eine Torf-Perlit-Mischung im Verhältnis 5:1. Irgendwann werde ich meine Pflanze teilen müssen, aber das ist offenbar nicht schwer: Mit einem scharfen Messer das Rhizom durchschneiden und die Hälften in separate Töpfe pflanzen. Achtung: Die Härchen an den Rhizomen sind etwas stachelig.

## Beobachtungen am Känguru-Farn

① **Tag 1**
Im Büro hieß es, ich solle eine Pflanze kaufen. Dieser Känguru-Farn in seiner 20-Zentimeter-Schale hatte die gewünschte Preisklasse. Sein Platz ist in der Teeküche in einem Südfenster. Wegen der vielen hohen Gebäude in der Umgebung herrscht einen Großteil des Tages keine direkte Sonne, weshalb das Fensterbrett aus Pflanzensicht »im Schatten« liegt. Dank der unversperrten Aussicht auf den Himmel herrschen hier jedoch meist mehr als 3000 Lux, und manchmal fällt sogar Sonnenlicht herein.

② **2 Monate**
Diese Rhizome suchen nach neuer Erde! Die jüngsten Wedel (unten rechts) entstehen an Rhizomen ohne Erdkontakt.

③ **5 Monate**
Zeit zum Umtopfen. Dabei muss man am Wurzelballen einen Teil der alten Erde abkratzen, damit frische Wurzeln schneller die neue Erde finden.

④ **10 Monate**
Nach wenigen Monaten im 24-Zentimeter-Topf signalisieren neue Farnwedel, dass die Pflanze glücklich ist.

⑤ **1 Jahr, 7 Monate**
Die nächsten suchenden Rhizome.

⑥ **2 Jahre, 5 Monate**
Die Wedel auf der Außenseite sind so groß geworden, dass der Topf nicht mehr zu sehen ist. Im Vergleich zu Bild 4 (10 Monate) geht der Haken nun in den Blättern unter.

## Entwicklung der Farnwedel beim Känguru-Farn

①
Ein junger dreifingriger Wedel. Wenn die Pflanze insgesamt älter wird, haben neue Wedel mehr »Finger«. Dieses Blatt wird immer nur drei Finger haben.

②
Komplexerer Wedel mit sieben Fingern.

③
Sobald die Wedel kleine Dellen entwickeln, kommen sie in die Pubertät. Ein paar Wochen später entwickeln sie an der Unterseite Sporen, aus denen neue Pflanzen entstehen können.

④
Blattoberseite: Erste Anzeichen der Sporenbildung.

⑤
Blattunterseite: Reife Sporen.

## Mooskugel *(Aegagropila linnaei)*

Mooskugeln sind eigentlich kein Moos, sondern kugelig wachsende Algen (daher heißen sie auch Algenball oder – auf Japanisch – Marimo). Ihre Form entsteht durch die ständige Bewegung der Unterwasserströmungen. In der Natur wachsen sie langsam und legen pro Jahr nur etwa fünf Millimeter Durchmesser zu. Gerade aus diesem Grund eignen sich Mooskugeln gut als Blickfang, denn sie verändern sich nur sehr langsam.

### Überlebensstrategie

Als Unterwasserpflanzen gehören Mooskugeln nicht in die direkte Sonne, denn sie können davon braun werden. Mit maximal 1000 Lux pro Tag kommen sie gut zurecht. Das Wasser kann mit der Zeit trübe werden. Man sollte es von Zeit zu Zeit wechseln. Ich spüle das Glas einfach aus und putze es mit der Hand. Bitte weder Seife noch Spülmittel verwenden!

### Wachstumsstrategie

Eine Mooskugel kauft man nicht in der Hoffnung auf starkes Wachstum, denn das verläuft sehr langsam. Zwischen 3000 und 8500 Lux dürften die Kugeln gut wachsen. Direkte Sonne vertragen sie jedoch nicht, und trübes Wasser muss man wechseln.

## Beobachtungen an Mooskugeln

**Tag 1**
Diese Kugeln wurden mir zugeschickt. Sie waren in einer verschweißten Plastiktüte etwa eine Woche lang unterwegs. Ich legte sie in ein Glas mit frischem Wasser.

**6 Monate**
Ich wünschte, ich hätte meine Mooskugeln gleich beim Empfang gemessen. Hier hat die große einen Durchmesser von 55 Millimeter.

Manchmal gönne ich meinen kleineren Pflanzen ihr wöchentliches Bad bei den Mooskugeln. Da die Kugelform nur durch Wasserströmung entsteht, ist es sinnvoll, das Glas regelmäßig sanft zu schwenken. Andererseits habe ich noch nie gesehen, was passiert, wenn man sie gar nicht bewegt.

**1 Jahr**
Der Durchmesser der großen Kugel beträgt jetzt 59 Millimeter Der Durchschnitt von fünf Millimeter pro Jahr dürfte stimmen.

## Glückskastanie *(Pachira aquatica)*

Eine Glückskastanie oder Pachira entsteht normalerweise durch das Verflechten von vier jungen Trieben. Der Hauptgrund dafür ist, dass ein einziger Stamm mit lediglich drei bis vier Blattgruppen ziemlich kläglich aussehen würde. Mit vier Stämmchen in der Gruppe bekommt die Pflanze ein baumähnliches Aussehen.

### Überlebensstrategie

Wenn eine neu gekaufte Glückskastanie unter 1000 Lux bekommt, darf man nicht viel Wachstum erwarten. Zudem wird sie die meisten unteren Blätter abwerfen, bis die Pflanze ziemlich gerupft aussieht. Jeder Pachira-Ast trägt nur so viele Blattgruppen, wie das Licht versorgen kann. Die Erde muss immer wieder vollständig austrocknen. Vor dem Wässern bitte vorsichtig belüften. Wenn die wenigen Blätter Sie nicht stören, kann die Pflanze mit so wenig Licht überleben.

**RECHTS:** Mir gefällt es sehr, wie individuell eine Pflanze sich entwickelt, wenn sie sich längere Zeit im Haus entfalten darf. In den letzten Jahren habe ich mich um eine Pachira aus dem Freundeskreis gekümmert. Inzwischen sind die Äste von der geflochtenen Ausgangsbasis weggewachsen.

**Subjektive Lebensspanne**
Glückskastanien werden einfach immer höher. Sobald oben neue Blätter wachsen, fallen die untersten Blätter ab. Bei einer insgesamt gesunden Pflanze kann man die Triebe bei gutem Licht und passender Wasserversorgung bis auf einen blattlosen Stumpf zurückschneiden – sie wächst trotzdem weiter. Glückskastanien sind auch gegenüber sehr kleinen Töpfen tolerant, werden aber leicht kopflastig. Deshalb sollte der Topf stets der Größe entsprechen. Wenn die Pflanze immer im selben Topf bleiben soll, lohnt es sich, alle ein bis zwei Jahre frische Erde zu geben. Glückskastanien können viele Jahre alt werden.

**Wachstumsstrategie**
Bei mehr als 2000 Lux sollte die Pflanze wachsen. Sie mag auch etwas direkte Sonne.

**Bodenpflege**
Glückskastanien scheinen Feuchtigkeit oder Trockenheit gleichermaßen zu tolerieren. Deshalb bietet es sich an, die Pflanze zu wässern, wann immer die Erde vollständig trocken ist. Mit dem Belüftungsstab können Sie die Trockenheit prüfen und den Wurzeln Luft verschaffen. Gedüngt wird nach Anleitung, sobald die Pflanze neue Blätter bildet.

## Eine Glückskastanie großziehen

Da jeder einzelne Stamm der Pflanze in die Höhe strebt, kommt irgendwann der Punkt, an dem das Gewicht der Blätter die Stämmchen vom Ende des geflochtenen Punkts aus zur Seite biegt. Jetzt müssen Sie sich entscheiden.

Sie können die Stämmchen an einem stabilen Metallstab festbinden oder …

… Sie stutzen sie auf die gewünschte Größe zurück. Schneiden Sie einen oder zwei Stämmchen bis an den Punkt zurück, wo die Flechtung endet. Nach einigen Monaten bilden sich hier neue Stängel. Sobald diese einige Blätter ausbilden, können Sie die restlichen Stängel zurückschneiden. Ein Teilrückschnitt erspart einem den traurigen Anblick des blattlosen Stumpfes. Aus den Seiten der Stämme sprießen neue Stängel.

## Beobachtungen an Glückskastanien

Einstämmige Exemplare sind selten. Dieses hier war ursprünglich mit drei anderen verflochten. Nach Monaten (oder Jahren?) in einem schlecht beleuchteten Geschäft war nur noch ein Stamm übrig. Immerhin habe ich einen Rabatt bekommen.

**OBEN LINKS:** Diese Stämmchen gehen offenbar seit Jahren getrennte Wege.

**LINKS:** Auch diese Pachira gehört einer Freundin. Sie hatte sich in dem großen bodentiefen Nordfenster stets wohlgefühlt, aber irgendwann waren die Blätter merkwürdig verfärbt, und es tropfte klarer Saft herunter. Als ich mir die Pflanze näher ansah, entdeckte ich Schildlausbefall. Da wir sie nicht im Freien besprühen konnten, schlug ich einen rigorosen Rückschnitt vor.
Das bedeutete natürlich, dass nur ein geflochtener Stumpf bleiben würde, aber eigentlich war die Pflanze gesund.

**OBEN RECHTS:** Schon zwei Monate nach dem Radikalschnitt waren neue Blätter gewachsen. Eine gesunde Pflanze kann man somit bis auf den Stamm zurückstutzen – sie treibt wieder aus!

## Fensterblatt *(Monstera deliciosa)*

Die Blattmuster dieser Pflanze sind so faszinierend, dass man sich vielleicht eine anschafft, ohne an das »Monster« dahinter zu denken. Das Köstliche Fensterblatt wirkt täuschend zahm, ist jedoch eine aggressive Schlingpflanze mit sehr großen Blättern. Je höher die Langzeitlichtintensität, desto kürzer sind die Abstände zwischen den Blättern und desto kompakter bleibt die Pflanze. Auf die Dauer wird sie jedoch *sehr* groß. Die beliebteste Erklärung für die Fenster (die Löcher und Einschnitte in den Blättern) lautet, diese würden die Pflanze widerstandsfähiger gegen Sturm und Regen machen. In Wahrheit geht es allerdings um die Optimierung der Lichtausbeute: Die Pflanze erzeugt quasi ein grobmaschiges Netz, um mit weniger Material eine größere Fläche abzudecken.

**Überlebensstrategie**

Wenn Sie Ihre Monstera in einigem Abstand zum Fenster aufstellen müssen, kann sie dort anmutig vor sich hin darben, ohne zu sterben, braucht aber eine etwas andere Behandlung. Sie überlebt noch mit 500 bis 1000 Lux im hellsten Zeitraum des Tages. Die Erde sollte in diesem Fall eher trocken bleiben und nur etwa einmal die Woche mit einem Stab aufgelockert werden, damit die Wurzeln nicht ersticken. Wenn die Blätter schlapp und dünn wirken, weil sie tatsächlich dehydrieren, muss man die verfestigte Erde lösen und bei einem Topf von mindestens 20 Zentimeter Durchmesser die gesamte Oberfläche bis auf eine Tiefe von etwa fünf Zentimetern durchnässen. Bei einer richtig durstigen Pflanze sollte auf diese Weise kein Wasser bis in den Topfboden laufen, wo es womöglich über Wochen steht. Ältere Blätter dürfen Sie abschneiden, sobald sie gelb werden – die Pflanze gibt diese Blätter auf, wenn ihre Reserven zur Neige gehen und nicht aufgefüllt werden.

**OBEN:** Bei diesem hohen Standort ist die einzige Lichtquelle das Sonnenlicht, das einige Stunden am Tag reflektiert wird, solange es ins Zimmer fällt. Für mich ist diese Pflanze nicht mickrig, sondern irgendwie charmant, denn sie signalisiert: »Das ist *mein* Revier. Ich gehöre hierher!«

Das Lochmuster steht schon vor dem Entfalten fest. Jedes Blatt bleibt so, wie es ist. Bei einer insgesamt gesunden Pflanze kann das nächste Blatt jedoch größer ausfallen und ein komplexeres Muster aufweisen.

Neue Blätter sind anfangs klein und schwach. Bei zu feuchtem Substrat können die Spitzen dunkelbraun sein. Schwache Pflanzen sind anfälliger für Krankheiten. Eine Pflanze, die gesund und stark gekauft wurde, wirkt kläglicher, wenn sie sich nach dem Licht reckt.

### Wachstumsstrategie

Bei gutem Kontakt zum Himmel (2000 Lux oder mehr, vielleicht gar etwas Sonne) braucht das Fensterblatt reichlich Wasser: Gründlich wässern, sobald die Erde etwa fingertief trockenfällt.

### Bodenpflege

Irgendwann hat ein Fensterblatt seine Nährstoffe verbraucht. Da es jedoch gern in großen Töpfen verkauft wird, reicht vielleicht ein Auswechseln der obersten Erdschicht. Wenn mehrere neue Blätter zu wachsen beginnen, können Sie in den nächsten Wochen getrost Dünger einsetzen. Die Bodenstruktur bleibt normalerweise schön locker, sodass Sie nur bei jedem dritten bis vierten Gießen zu belüften brauchen.

### Subjektive Lebensspanne

In der richtigen Umgebung kann ein Fensterblatt jahrzehntelang wachsen. Jede Ranke bildet etwa fünf bis sieben Blätter aus und wirft das älteste Blatt ab, wenn ein neues wächst. Falls die Ranke an der Spitze unerwünscht schnell wächst, können Sie diese bis auf die ein bis zwei ältesten Blätter zurückschneiden und das abgeschnittene Stück für Ableger verschenken.

# Beobachtungen am Fensterblatt

## Tag 1

Diese *Monstera deliciosa* wurde über eine Kleinanzeige angeboten, weil ihre bisherigen Besitzer nicht mehr genug Platz für sie hatten. Preisvorstellung: 10 Dollar.

## 7 Monate

Ich habe die Ranken mit einem kleinen Bambusgitter aus dem Laden um die Ecke hochgebunden, um der Pflanze ein insgesamt kompakteres Aussehen zu verleihen. Monstera-Ranken wachsen gern an Oberflächen entlang. Ungelenkt breiten sie sich hemmungslos nach allen Seiten aus. An diesem Platz bekommt die Pflanze an klaren Tagen 3000 Lux Sonnenlicht, das durch die Jalousien gefiltert wird. Bei bedecktem Himmel gelangen nur matte 550 bis 900 Lux ins Wohnzimmer. Ein Fensterblatt hungert dann.

An den Augen entlang der Ranken bildet die Monstera Luftwurzeln, mit denen sie sich in der Natur an Bäume anheften könnte. Damit bekommt die Pflanze mehr Halt und kann alle ihre bis zu 20 Meter langen Ranken mit Wasser und Nährstoffen versorgen. Bei uns zu Hause brauchen die Luftwurzeln sich nicht an bemooste Stangen oder Baumstämme zu binden. Ich befestige sie mit weichen Gummibändern an einem handelsüblichen Rankgitter und lenke die Luftwurzeln in die Erde.

## 8 Monate

Es war ein bittersüßer Tag, an dem ich das Fensterblatt in meine Kirche umziehen ließ, wo es ein Zimmer für sich allein bekam. Erst als ich den Vordersitz ganz nach vorne stellte, passte die Pflanze in meinen Honda Civic. Allerdings änderte sich dadurch der Pflegerhythmus entscheidend: Ich gehe nur einmal in der Woche in meine Kirche, und sie ist ziemlich weit weg. Deshalb muss ich jetzt in festen Zeitabständen gießen. Aber da die Pflanze dort noch mehr Licht bekommt als bei mir, weiß ich, dass sie nach einer Woche durstig sein wird.

Keine Sorge, mein Monsterchen, ich komme jede Woche wieder. An diesem Ort hast du mehr Platz und besseres Licht. Links von diesem Platz ist eine Glastür nach Westen. Am späten Nachmittag fällt das Sonnenlicht auf den Boden. Deshalb habe ich die Pflanze etwas weiter nach hinten gerückt, um die Blätter zu schützen. Wenn sie älter ist, kann sie vielleicht etwas Sonne vertragen. Rechts sorgt ein großes Fenster nach Norden für perfektes helles, indirektes Licht. Meine Lichtmessung ergab in diesem Bereich etwa 3500 Lux. Hier wird es dem Fensterblatt sehr gut gehen.

---

**1 Jahr**

Die Blätter werden komplexer.

---

**1 Jahr, 3 Monate**

Das Fensterblatt ist über das Bambusgitter hinausgewachsen. Deshalb habe ich ein größeres Pflanzgitter aus Metall besorgt. Wieder binde ich die Hauptranken fest und lenke die Luftwurzeln in den Topf zurück.

---

**2 Jahre**

Wieso wirkt dieses Fensterblatt so voll und saftig? Im Topf sind sieben Ranken. Das Wachstumsmuster einer *Monstera deliciosa* besteht aus diversen Blättern pro Ranke. Normalerweise werden Töpfe mit zwei bis drei Ranken angeboten, und selbst bei bester Pflege bleibt die potenzielle Fülle auf die maximale Zahl der Blätter begrenzt, die jede dieser Ranken ausbilden kann. Mein Exemplar hatte jedoch sieben Ranken, und das führt zu diesem speziellen Effekt.

---

**2 Jahre, 4 Monate**

Mein Fensterblatt wirft gerade einige sehr alte Blätter ab. Sie wurden langsam gelb und ließen sich am Ende leicht entfernen. Sobald man die Wachstumsbedingungen und deren Grenzen versteht, kann man Leben und Tod akzeptieren. Das Abwerfen alter Blätter gehört zum Nährstoffzyklus: Die Pflanze entzieht den ältesten Blättern alle Nährstoffe, die noch zu retten sind, um neues Wachstum zu ermöglichen. Mit Dünger oder frischer Erde hätte man das Vergilben dieses Blatts hinauszögern können. Es ganz zu verhindern wäre jedoch unrealistisch. Wir sollten akzeptieren, dass die Pflanze ihr Überleben aktiv selbst sicherstellt.

---

**3 Jahre (RECHTE SEITE)**
Einige Ranken haben sich vom Gitter gelöst. Ich muss sie bald wieder festmachen, damit sie weiter aufwärts wachsen.

## Brutblatt *(Kalanchoe daigremontiana)*

Das Besondere an dieser Sukkulente sind ihre schaufelförmigen Blätter mit unzähligen Brutknospen (Kindel) entlang der Ränder, die nur auf ihre Chance warten, das Pflanzenreich zu erobern. Pflanzen Sie ein Brutblatt bitte nie ins Freie. Es ist bei passenden Temperaturen eine hochgradig invasive Art.

**Überlebensstrategie**
An einem lichtarmen Standort (unter 2000 Lux) bildet das Brutblatt nur kleine Blätter ohne Kindel. Erst bei möglichst viel Himmels- und Sonnenlicht kommt die attraktivste Eigenschaft der Pflanze zum Tragen.

**Wachstumsstrategie**
Ab 2000 Lux kommt es zu nennenswertem Wachstum. Mit direkter Sonne wird das Brutblatt seinem Namen gerecht und erzeugt eifrig Hunderte an Nachkommen.

**Bodenpflege**
Bei gutem Licht braucht ein Brutblatt Wasser, sobald die Erde absolut trocken ist. Belüften muss man nicht viel, denn diese Pflanzen sind auf ungünstige Bodenverhältnisse eingestellt.

**Subjektive Lebensspanne**
Beim Brutblatt geht es schon dank der schieren Masse nie um die Schönste im ganzen Land. Ein Pflänzchen, das seinen eigenen Topf mit guter Kakteenerde und einen sonnigen Standort bekommt, erreicht innerhalb eines Jahres eine ansehnliche Größe mit vielen Brutknospen. Im Laufe der Jahre rollen sich ältere Blätter ein und fallen ab. Sie hinterlassen eine Vielzahl an Jungpflanzen, die sich darunter ansiedeln und eigenständig weiterwachsen. Eine Kalanchoe führt somit ein zyklisches Leben – vom Kindel zur Erwachsenen und zur erneuten Vermehrung.

Der Haupttrieb des Brutblatts tritt zunächst aus der Erde aus, biegt sich dann nach unten und wächst erst danach wieder aufwärts.

## Beobachtungen am Brutblatt

**Tag 1**

Als eine Freundin wegzog, übernahm ich ihre Zimmerpflanzen, darunter dieses Brutblatt.

Die Kindel treiben schon Wurzeln und sind bereit, mehr Erde zu erobern.

**1 Jahr**

Beachten Sie die Vielzahl der Brutknospen. Das liegt daran, dass unsere Büroküche ein passendes Südfenster hat, auch wenn die Sonne teilweise von höheren Gebäuden abgeschirmt wird.

**2 Jahre**

Vor etwa einem Jahr versetzte eine Kollegin aus Spaß eine Brutknospe in den Drachenbaumtopf. Inzwischen lässt dieses Ungetüm eigene Kindel in den Topf fallen, die dem armen Drachenbaum Nährstoffe rauben. Nach diesem Foto habe ich alle Jungpflanzen aus dem Topf entnommen.

**RECHTE SEITE:** Wenn eine *Kalanchoe daigremontiana* neue Blätter bildet, wirft sie das unterste Paar ab. Dabei landen die Brutknospen immer wieder in der Erde ringsum – diese Aloe ist über den ungebetenen Gast nicht glücklich.

Glücksklee (*Oxalis triangularis*)

Roter oder grüner Glücksklee ist ein beliebtes Neujahrsgeschenk. In Irland, wo die dreiblättrige Kleeart Shamrock als Nationalsymbol gilt, verschenkt man ihn gern zum St. Patrick's Day. Zimmerpflanzeneltern finden oft Gefallen daran, wie die drei Blätter an jedem Stängel abends wie ein Regenschirm nach unten klappen und sich morgens wieder öffnen. Das innere Wissen um die Öffnungszeit speist sich aus der »Erinnerung« an die Dauer der Dunkelheit. Einmal habe ich einen schlafenden Glücksklee geweckt, indem ich einige Stängel zwei Stunden lang einer hellen LED-Pflanzenleuchte aussetzte. Prompt öffneten sich die Blätter. Als später wirklich die Sonne aufging, öffneten die anderen Stängel ihre Blätter, aber die mit der Schlafunterbrechung reagierten erst spürbar später, als die Sonne schon höher stand.

**Überlebensstrategie**

Bei einer maximalen Lichtstärke von nur 1000 Lux verwelken alle anfänglichen Triebe. Irgendwann haben Sie nur noch einen Topf mit Erde. Doch obwohl die Blätter komplett absterben, sind die Zwiebeln meist noch am Leben. Halten Sie die Erde leicht feucht und lockern Sie sie gelegentlich vorsichtig auf. Nach ein paar Wochen sprießen neue Blätter. Die Pflanze wird nie wieder so stattlich wie beim Erwerb, doch bei so wenig Licht sollte man sich auch über zwei bis drei Stängel pro Zwiebel freuen.

**Wachstumsstrategie**

Ab etwa 6600 Lux dürfte das Verhältnis zwischen frischen, jungen und absterbenden, alten Blättern ausgeglichen sein. Wässern Sie den Klee, wenn die Erde sehr trocken wird. Bei direkter Sonne kann dieser Zustand noch am selben Tag eintreten. Falls die Stängel schlaff herunterhängen, sofort gründlich wässern! Abgestorbene, vollständig vertrocknete Blättchen bitte per Hand abzupfen. Sobald die Pflanze neue Stängel austreibt, können Sie einen Flüssigdünger einsetzen.

**Subjektive Lebensspanne**

Glückskleezwiebeln können nach dem scheinbaren Absterben neue Blätter bilden. Also bitte nicht vorzeitig in Panik geraten! Allerdings sollten Sie die Zwiebeln umtopfen, wenn die Blätter absterben oder die meisten aufgeben. Eine Standardmischung aus Torf und etwas Perlit reicht als Substrat aus.

**OBEN:** Sobald die Erde weitgehend austrocknet, bleiben die Blattschirmchen selbst tagsüber leicht geschlossen. Hier der Vergleich zwischen einem durstigen Glücksklee (links) und einem gut mit Wasser versorgten (rechts). Durstiger Glücksklee braucht schnellstmöglich reichlich Wasser.

**OBEN:** Bei ungünstigen Lichtverhältnissen (1000 bis 2000 Lux) sterben in den ersten Monaten viele Stängel ab. Nach der Anpassungsphase kann die Pflanze aber durchaus neu austreiben.

**RECHTS:** Nachwachsende Blätter sind meist nicht so buschig, aber bei minimalistischem Blick ebenfalls ästhetisch.

## Glücksklee aus Zwiebeln ziehen

**Tag 1**

Glücksklee-Zwiebeln kann man zu jeder Jahreszeit pflanzen. Ich habe zehn Stück online gekauft und gleichmäßig im Topf verteilt.

Dann habe ich sie mit einer dünnen Schicht Erde bedeckt (0,5 Zentimeter). Gut gießen und in ein sonniges Fenster stellen.

**1 Monat**

Nach einem Monat haben viele Zwiebeln schon Blätter gebildet. Und es kommen noch mehr.

Hier sehen wir einen neuen Keim (links) und einen Stängel mit Blütenknospen (rechts, ich zeige mit dem Finger darauf). Um solche Keime zu entdecken, muss man genau hinsehen.

**2 Monate**

Die Blätter haben ordentlich nachgelegt, und nun werden wir auch mit Blüten belohnt.

## Einblatt *(Spathiphyllum)*

Das Einblatt bildet sehr schön symmetrisch seine Blätter aus und ist daher ein echter Blickfang. Beim Züchter werden Einblätter sehr schnell herangezogen und mit einem Schuss Gibberellinsäure (einem Phytohormon) zum Blühen gebracht. Nur so können das ganze Jahr hindurch blühende Einblätter angeboten werden. Zu Hause bildet die Pflanze nach dem Verblühen nur noch alle paar Monate zwei bis drei Blüten.

**Überlebensstrategie**
Auch das Einblatt zählt zu den Opfern der Kategorie Schattenpflanze. Damit es überlebt, sollten zu Spitzenzeiten mindestens 550 Lux bereitstehen. Auf diesem niedrigen Niveau ist jedoch nicht viel Wachstum zu erwarten. Wenn die Erde stark austrocknet, lässt ein Einblatt erkennbar die Blätter hängen und muss gründlich gewässert werden, um sich zu erholen. Gelegentliches Belüften beugt der Entstehung von Staunässe vor, die ansonsten die Wurzeln faulen ließe.

**Wachstumsstrategie**
Irgendwo zwischen 1000 und 6500 Lux beginnt ein gutes Wachstum. Denken Sie daran, dass die Bodenfeuchtigkeit bei stärkerem Licht schneller verbraucht wird. Ab etwa 9000 Lux bis hin zu voller Sonne welkt die Pflanze innerhalb weniger Tage und muss dann sofort gewässert werden, um eine dauerhafte Schädigung zu verhindern. In einem Lichtbereich zwischen 1000 und 6600 Lux halten sich Wachstumsfreude und Wasserbedarf gut die Waage.

**Subjektive Lebensspanne**
Manche Pflanzeneltern finden das Einblatt langweilig, wenn die ersten Blüten verblassen. Wer den Einfluss von indirektem Licht versteht und angemessen Wasser zuführt, wird alle paar Monate mit neuen Blüten belohnt. Gelbe Blätter dürfen Sie gern abschneiden, sobald neue grüne Blätter wachsen.

**LINKS:** Blütenentwicklung beim Einblatt: Der komplette Vorgang dauert einige Wochen.

**OBEN:** Wenn man ein schlappes Einblatt sofort gießt, erholt es sich wieder. Es sollte allerdings nicht allzu oft in diesen Zustand geraten, sonst können die Wurzeln Dauerschäden davontragen. Dann finden die betroffenen Blätter nicht wieder zum Ursprungszustand zurück.

**RECHTS:** Bei starkem Einsatz von Gibberellinsäure kommt es mitunter zu atypischem Blühverhalten. Hier wachsen mehrere Blüten aus demselben Stängel (rechts im Bild). Daneben ist eine normale Einblattblüte zu sehen (links im Bild)

## Beobachtungen am Einblatt

Ein großes *Spathiphyllum variegata*, das durch einen weißen Vorhang vor direkter Sonne geschützt ist.

Die Variegata-Form hat hübsche weiße Flecken und eine etwas raue Blattoberfläche.

Beim Einblatt ist jede neue Blüte eine spannende Erfahrung. Angeblich blüht ein Einblatt eher, wenn es im Topf ein wenig zu eng ist. Aus evolutionärer Sicht hat das seinen Sinn, denn ehe die Pflanze ein neues Blatt bildet, prüft sie, ob es an der Zeit ist, sich über Samen zu vermehren. Wenn die Wurzeln ihr Umfeld als überfüllt empfinden, steckt die Pflanze ihre Kraft lieber in die Samenbildung, anstatt an einem ausgereizten Standort mehr Blätter zu erzeugen.

Ein noch eingerolltes Blatt sprießt seitlich aus einem älteren Blatt. Sobald sein eigener Stängel groß genug ist, sollten Sie nach der Blüte Ausschau halten.

Nach der Blüte wird der Blütenstängel dort abgeschnitten, wo er aus der Blattscheide tritt.

Sobald die alten Blätter ganz gelb sind, können Sie diese abschneiden. Bemühen Sie sich um optimale Lichtverhältnisse und passen Sie die Wasserzufuhr gut an. Dann gehört das Entfernen gelber Blätter zum normalen Lauf der Dinge.

Die Blüten bleiben über Wochen bis Monate schön weiß, verblassen dann aber allmählich zu Grün oder Braun. Zu diesem Zeitpunkt wirkt die Pflanze oft insgesamt unansehnlich. Schneiden Sie alte Blüten ab und erfreuen Sie sich bis zum nächsten Blühen an den Blättern.

Bei einem Einblatt, das frisch aus der Gärtnerei kommt, werden während der Anpassungsphase oft viele ältere Blätter gelb oder entwickeln braune Flecken.

**RECHTE SEITE:**
Dasselbe Einblatt nach einer gründlichen Generalüberholung nach der Blüte.

## Philodendron

In Ampeln kommt Philodendron immer gut zur Geltung. Das hier ist eine hübsche Silbrig gefleckte Efeutute *(Scindapsus pictus)*.

Philodendron ist ein Oberbegriff für eine Gruppe sehr ähnlicher Rankenpflanzen, darunter *Philodendron hederaceum* »Brasil«, *Philodendron hederaceum* und *Philodendron hederaceum micans*, mitunter auch die Gefleckte Efeutute *(Scindapsus pictus)*. Die Abgrenzung zur Efeutute *(Pothos)* ist optisch schwierig, doch die Pflege ist vergleichbar.

**Überlebensstrategie**
Philodendron-Ranken sehen selbst bei minimalem Licht (500 bis 600 Lux) noch ansprechend aus, aber damit können sie nur gerade so überleben. Sie müssen dann durch regelmäßige Belüftung und sehr sparsames Gießen dafür sorgen, dass sich keine Bereiche mit abgestandenem Wasser bilden.

**Wachstumsstrategie**
Ab 1000 bis 3200 Lux beginnen Philodendren zu wachsen. Farbunterschiede werden zwischen 3200 und 8600 Lux deutlicher. Wenn ein Philodendron allerdings länger als ein bis zwei Stunden direkter Sonne ausgesetzt ist, können dunklere Blätter ausbleichen. Falls die Sonne also an klaren Tagen mehrere Stunden durchs Fenster scheint, sollten Sie die Pflanze mit einem dünnen weißen Vorhang abschirmen.

**Bodenpflege**
Bei ausreichender Lichtmenge unterstützt ein gleichmäßig feuchter Boden das Wachstum. Sobald die Erde zu trocken wird, werden die Blätter schlaff und glanzlos. Dann sollte man schnellstens belüften, um trockene Bereiche aufzulockern, und die Pflanze danach gründlich wässern. Nach ein bis zwei Tagen sind die Blätter wieder prall und fest. Wenn die Pflanze neue Blätter bildet, können Sie ihr nach Anweisung Flüssigdünger geben.

**Subjektive Lebensspanne**
Nach ein bis zwei Jahren und abgeschlossener Anpassungsphase fallen in Bodennähe vielleicht kahle Stellen auf, obwohl die äußeren Teile der Ranken noch saftig grün sind. Wie bei der Efeutute können Sie Stecklinge heranziehen und wieder in den Haupttopf setzen oder neue Töpfe damit bepflanzen. Philodendren sind sehr langlebige Hausfreunde.

**OBEN LINKS:** Philodendron-Ranken wachsen immer weiter. Mit Hilfe von Häkchen an der Wand kann man den Eindruck eines kleinen Dschungels erwecken. Ein bisschen Halt können sie sich auch selbst verschaffen.

**LINKS:** Ausbleichen: Diese Ranken bekommen im Sommer drei bis vier Stunden direktes Sonnenlicht. Für Philodendren ist das etwas viel. Ein Blatt mit Sonnenbrand (links) wirkt verblichen. Normale Blätter (Mitte und rechts) sind grüner.

**OBEN:** Stecklinge von *Philodendron cordatum:* Sobald die Stecklinge Wurzeln getrieben haben, können sie im ursprünglichen Topf für mehr Blattfülle sorgen. Oder man verschenkt sie im Freundeskreis.

## Philodendron oder Efeutute?

①

②

③

### ① Blattknospe

An einer Efeutute (links) haben das neue Blatt und sein Stängel ungefähr dieselbe Farbe wie der Rest der Pflanze. Die wachsende Spitze ist das Blatt selbst. Die Blattknospe eines Philodendrons (rechts) hingegen ist rötlich. Die Ranke wächst weiter, während das letzte Blatt sich noch entfaltet.

### ② Blattscheidenrest

Die Blattscheide einer Efeutute (links) liegt immer um den Blattstiel zwischen dem eigentlichen Blatt und der Hauptranke. Beim Philodendron (rechts) hängt sie lose herab und fällt irgendwann ab.

### ③ Luftwurzelknospe und Ranke

Die Efeutute (links) hat in der Regel eine größere, holzige Luftwurzelknospe zwischen mehreren kleineren. Die Knospe kann piksen. Die Ranke hat Furchen und ist rauer. Wurzelknospen am Philodendron (rechts) sind kleiner und weniger piksig. Die Philodendron-Ranke ist glatter.

## Philodendronarten

**OBEN:** Alle diese gemusterten Blätter stammen von ein- und demselben Philodendron »Brasil«. Hinweis: Für dieses Bild sind keine Blätter zu Schaden gekommen.

**RECHTE SEITE, OBEN LINKS:** Der Kletternde Philodendron *(Philodendron hederaceum)* bildet herzförmige grüne Blätter und reichlich Ranken, die sich gut vermehren lassen.

**RECHTE SEITE, OBEN RECHTS:** Die Silbrig gefleckte Efeutute oder Silberpothos *(Scindapsus pictus)* rechne ich zu den Philodendren. Ihre hellen Flecken glitzern bei hellem Licht. Die Abgrenzung fällt schwer. Botanisch wird sie auch als *Epipremnum pictum Argyraeus* den Efeututen zugeordnet. Wie Efeututen hat sie keine rötlichen, sondern grüne Blattstiele.

**RECHTE SEITE, UNTEN LINKS:** Philodendron »Brasil« ist eine Zuchtform des *Philodendron hederaceum* mit einem gelben Streifen an beliebiger Stelle.

**RECHTE SEITE, UNTEN RECHTS:** *Philodendron hederaceum micans* bildet samtweiche Blätter. Diese Stecklinge sind frisch getopft und wachsen hoffentlich zu langen Ranken heran.

## Ufopflanze *(Pilea peperomioides)*

*Pilea peperomioides* ist als Zimmerpflanze äußerst beliebt. Als sie in Mode kam, wurden die Gärtnereien der Nachfrage kaum Herr. Wer genügend Platz und gutes Licht hatte, erzielte in Kleinanzeigen für ein Exemplar im Zehnzentimetertopf zeitweise bis zu 80 Dollar. Zum Glück bilden gesunde Pflanzen relativ schnell Ableger, die unter Pflanzenfans bereitwillig getauscht werden (so kam ich an meine Pilea).

### Überlebensstrategie

Wer diese Pflanze fernab vom Fenster aufstellen möchte, sollte sich darauf einstellen, bald tote Blätter vom Boden aufzusammeln. Bei weniger als 1600 Lux maximaler Lichtstärke wirft die Pflanze in der Anpassungsphase ältere Blätter ab. Falls die Pflanze nicht abstirbt, weil ihre Wurzeln zu lange feucht bleiben und verfaulen, hat sie irgendwann nur noch zwei bis drei sehr langsam wachsende Blätter an der Spitze eines kahlen Stiels und ist mit dem ständigen Absterben der alten Blätter ein echtes Sorgenkind. Dabei passt sie sich nur dem Lichtmangel an. Gutes Belüften schützt die Wurzeln etwas besser vor Fäulnis.

### Wachstumsstrategie

Eine Ufopflanze wünscht sich freien Blick auf den Himmel, gern auch ein paar Stunden Sonnenlicht. Ältere Blätter werden weiterhin gelb und fallen ab, aber insgesamt bleibt die Pflanze sattgrün und bildet Blätter von bis zu zehn Zentimeter Durchmesser. Bei mehr als 2200 Lux verbraucht die Ufopflanze ihre Bodenfeuchte innerhalb von wenigen Tagen. In Wachstumsphasen sollte die Erde gleichmäßig feucht und gut belüftet sein. Lockern Sie das Substrat bitte mit großer Vorsicht, um unterirdische Ausläufer nicht zu beschädigen, aus denen sich Ableger entwickeln können.

**OBEN:** Eine wunderschöne erwachsene Ufopflanze, die sich entschlossen zur Seite biegt.

### Subjektive Lebensspanne

Eine gesunde Pilea kann schon im ersten Jahr sechs bis acht Schösslinge bilden. Dann haben Sie alle Hände voll zu tun, um die Jungpflanzen zu entnehmen und zu versetzen. Zu diesem Zeitpunkt wirkt die Mutterpflanze etwas erschöpft und hat wahrscheinlich diverse ältere Blätter abgeworfen. Mutige schneiden die Mutterpflanze an diesem Punkt bis auf den Stock zurück, damit sie weiter Wurzeln und noch mehr Ableger bildet.

**GANZ OBEN:** Selbstgezogene *Pilea peperomioides* für den Kleinanzeigenmarkt.

**OBEN:** Bei gutem Licht bildet eine Ufopflanze mitunter schon nach wenigen Monaten viele neue Schösslinge.

## Beobachtungen an der Ufopflanze

### Tag 1

Endlich konnte ich eine *Pilea peperomioides* ergattern! Eine Hobbyzüchterin bot ihre Schätzchen in einer Facebook-Gruppe zum Tausch an, und ich hatte genau den Neon-Pothos, den sie suchte.

### 4 Monate

Seit dem ersten Umtopfen von einem Fünfzentimetertopf in einen doppelt so großen sind neue Blätter gewachsen. Das Substrat ist ganz normaler Torf mit etwas Perlit.

### 8 Monate

Der nächste Topf. Jetzt sind wir bei einem Aufzuchttopf von 12,5 Zentimeter Durchmesser. Beim Umtopfen erwartete mich überraschend …

… der erste Ableger!

### 10 Monate

Seit dem Umtopfen sind zwei Ableger kräftig gewachsen. In dieser Größe kann man sie in eigene Töpfe setzen.

### 1 Jahr

Beim Entnehmen der Mutterpflanze entdeckte ich etliche kleinere Ableger in frühen Entwicklungsstadien und zwei weitere Ausläufer unter der Erde, die ebenfalls Ableger werden können, sobald sie Licht finden. Wenn ein solcher Ausläufer das Drainageloch findet und hindurchwächst, kann er sogar im Untersetzer einen Ableger bilden.

Trennen Sie die Verbindung zwischen Mutterpflanze und Ableger im Boden.

Ableger, bereit zum Eintopfen!

Die Standardmethode beim Eintopfen: passende Anzuchttöpfe mit Wurzelsperre im Boden.

Die Erde sanft herunterdrücken, damit sie den ganzen Wurzelballen fest umschließt, dann großzügig gießen. Beim Gießen sammelt sich die Erde noch besser um die Wurzeln.

Beim Umtopfen der Mutterpflanze habe ich den Ausläufer so eingesetzt, dass er irgendwann den Weg nach oben findet.

**1 Jahr, 1 Monat**

Einen Monat nach dem Umtopfen. Der Ausläufer hat seinen Weg gefunden und die ersten Blätter gebildet. In ein paar Monaten muss ich das Abtrennen wiederholen.

**1 Jahr, 3 Monate**

Das »Mutterschiff« (hinten links) und ihre Erstgeborene (vorne links). Die drei jüngeren Exemplare (rechts), die mit Pflanzenleuchten aufgezogen wurden. Sehen Sie, wie flach die Blätter sind?

## Die Wirkung von Licht auf Ufopflanzen

**Tag 1**

Beim Abnehmen und Umsetzen der ersten Ableger war ich neugierig, ob eine Aufzucht bei natürlichem Licht (unter dem Dachfenster) sich von der Aufzucht unter einer LED-Pflanzenleuchte unterscheiden würde. Das habe ich dabei herausgefunden:

**Tag 30**

Bei der Pilea, die bei natürlichem, ziemlich schwachem Licht wachsen sollte (links), werden die Blätter etwas kuppelförmig. Die Pilea unter dem Pflanzenlicht (rechts) entwickelt die erwünschten flacheren Blätter.

**Tag 92**

Obwohl die Tage länger werden, hat die Pilea unter natürlichem Licht (links) weiterhin mehr kuppelförmige Blätter als die Pilea, die unter der Pflanzenleuchte wächst (rechts).

**DRAUFSICHT:** Die Pilea unter der Pflanzenleuchte (rechts) hat kompaktere Stängel, weil diese sich nicht so sehr nach stärkerem Licht strecken müssen.

**Natürliches Licht**

**Dauer:** Die Lichtstärke hängt von der Tageslänge ab. Mein Experiment fand im Winter statt, wo der Tag in meinen Breiten nur neun Stunden dauerte.

**Intensität:** Direkte Sonne gab es gar nicht, nur Himmelslicht. Die Intensität erreichte normalerweise maximal 2150 Lux.

**Pflanzenleuchte**

**Dauer:** Ich habe das Beleuchtungsintervall auf zwölf Stunden pro Tag eingestellt.

**Intensität:** Die Leuchte befand sich jeweils etwa 15 Zentimeter über dem höchsten Blatt. In diesem Abstand betrug die Lichtintensität laut Luxmeter 8600 Lux.

## Elefantenfuß *(Beaucarnea recurvata)*

Der Elefantenfuß *(Beaucarnea recurvata)* ist die bekannteste Art aus der Gattung Beaucarnea. Ihre langen Blätter erinnern an leicht gewelltes Haar. Züchter schneiden einen jungen Baum immer wieder auf den Stumpf zurück, damit neue Stängel wachsen und die Pflanze schließlich einer Minipalme gleicht.

**Überlebensstrategie**
Wenn die Pflanze lediglich Dekozwecken dienen soll, bleibt sie selbst bei 550 Lux noch ansehnlich. In diesem Fall sollten Sie die Erde einmal im Monat gründlich wässern und die Pflanze danach eine Woche direkt ans Fenster stellen. So kann sie ein paar Kohlenhydrate bilden, ehe das nächste Schattenfasten anbricht. Den Rest der Zeit darf die Erde knochentrocken sein.

**Wachstumsstrategie**
Ab etwa 2150 Lux (oder mehr) werden die Blätter immer länger. Bei etwas Sonne können sogar neue Blätter aus tieferen Stammteilen sprießen. Elefantenfüße werden meist in Kakteenerde mit guten Drainageeigenschaften gesetzt, also wenig Torf, viel grobkörnigem Sand und mitunter etwas Rindenmulch. Sobald die Erde mindestens eine Woche lang völlig ausgetrocknet ist, gründlich wässern. Die richtige Erdmischung kann nicht viel Wasser speichern, also wundern Sie sich bitte nicht, wenn das meiste Wasser abläuft.

**Subjektive Lebensspanne**
Ein Elefantenfuß kann viele Jahre alt werden, wobei Sie vielleicht allenfalls bemerken, dass die Blätter länger werden. Zu Hause werden Sie wahrscheinlich nicht erleben, dass der Stamm dicker wird – überlassen Sie diese Aufgabe am besten vor dem Kauf der Gärtnerei.

**RECHTS:** Beaucarnea-Dreierlei: Elefantenfuß (links) mit zahlreichen Blattansätzen; sehr junge Sprösslinge (Mitte); und *Beaucarnea recurvata* (rechts) mit etwas breiteren, geraderen Blättern.

**OBEN:** Abweichend vom üblichen Zuchtstil in Form einer Minipalme findet man mitunter sehr junge Schösslinge in Form einer kleinen Zwiebel mit ein paar grasartigen Blättern.

**LINKS:** Ein Freund von mir hielt seinen Elefantenfuß im Winter mit einer einfachen Pflanzenleuchte am Leben, bis er ihn im Frühjahr wieder nach draußen stellen konnte.

## Beobachtungen am Elefantenfuß

**OBEN LINKS:** Elefantenfußblätter können auch sehr hübsch spiralig wachsen.

**OBEN RECHTS:** Bei der palmenartigen Zucht finden sich diverse Blattansätze auf einem dicken Stumpf.

**UNTEN LINKS:** Die übliche Wachstumsstruktur der Beaucarnea ist ein Strauß Blätter, der aus der Stammspitze wächst (wie auf diesem Bild). Wenn dieser Stamm gestutzt wird, verändert sich die Struktur und aus diversen Punkten wachsen viele Blattbündel.

## Efeutute *(Epipremnum aureum)*

Die Efeutute *(Epipremnum aureum)*, auch Pothos genannt, gilt in tropischen Gegenden als invasiv, ist als Zimmerpflanze jedoch kaum wegzudenken. Besonders beliebt sind die vier *Variegata*-Varianten: »Marble Queen«, »Golden«, »N'joy« und »Neon«. Exemplare der Sorten »Golden« und »Marble Queen« entwickeln mitunter rein grüne Blätter. Im kommerziellen Bereich ist das natürlich unerwünscht, aber für Hobbyzüchter interessant, denn aus einem solchen grünen Abschnitt kann man eine neue Pflanze ganz ohne Farbeinsprengsel oder Streifen heranziehen.

**Überlebensstrategie**
Pothos überlebt bereits bei 500 Lux, braucht bei einem solchen Standort allerdings eine lange Anpassungsphase, in der kaum oder gar kein Wachstum stattfindet. Maximale Wassersättigung bringt einen Pothos nicht gleich um. Wenn Sie ihn jedoch dauerhaft feucht halten, tritt nach ein paar Monaten oft eine Pilzinfektion auf, die sich durch schwarze Flecken in der Blattmitte bemerkbar macht. Beugen Sie durch regelmäßiges Belüften vor.

**Wachstumsstrategie**
Ab 1000 bis 3200 Lux beginnen Efeututen zu wachsen. Mit noch mehr Licht treten Farbunterschiede deutlicher hervor. Bei direkter Sonneneinstrahlung könnte nach ein paar Wochen das Grün etwas verblassen. Am besten filtert man das direkte Sonnenlicht durch einen weißen Vorhang. Bei gleichmäßiger Bodenfeuchtigkeit bleiben die Blätter straff und fest. Sobald die Pflanze zu welken beginnt, muss die gesamte Oberfläche des Subs-

**RECHTS:** Im Uhrzeigersinn von oben: »Marble Queen«, »Golden«, »N'joy« und »Neon«.

trats zügig gegossen werden. In der Wachstumsphase können Sie jeden passenden Dünger nach Anleitung einsetzen. Die Wurzeln wachsen schnell. Sobald sie unten durch die Drainagelöcher dringen, ist das eine deutliche Forderung nach einem größeren Topf. Umtopfen steht aber auch an, wenn die Pflanze monatelang gewachsen ist und plötzlich etliche Blätter (mitunter an derselben Ranke) gelb werden und abfallen. Dann könnten die Wurzeln dieser Ranke faulen. Durch Umtopfen bringen Sie Nährstoffversorgung und Bodenstruktur wieder ins Lot.

**Subjektive Lebensspanne**

Wer an einer Efeutute lange Freude haben möchte, sollte sich bewusst machen, dass die jeweils ältesten Blätter der Pflanze gelb werden und abfallen. Dafür kann es viele Gründe geben, von Nährstoffmangel bis hin zu Trockenschäden an den Wurzeln. Zum Glück kann man die Pflanze sehr gut durch Stecklinge vermehren. Bei regelmäßigem Umtopfen und Auffrischen der obersten Erdschicht kann man sich jedoch lange an ihr erfreuen.

**OBEN:** Eine dunkle Ecke mit Leben füllen? Hier ist eine Pflanze zum langsamen Verhungern verurteilt.

## Efeututen vermehren

①

Eine Efeututenranke kann nur immer länger werden. Wenn sie am Boden ankommt und das Zimmer nicht einem Urwald gleichen soll, bietet sich somit ein Rückschnitt mit einer sauberen, scharfen Schere an, am besten in der Nähe des älteren Blatts. Irgendwann bildet sich eine neue wachsende Spitze, und die Ranke setzt ihr Längenwachstum fort. Aus den abgeschnittenen, gesunden Blättern lassen sich problemlos neue Pflanzen ziehen. Da Efeututenteile sehr leicht Wurzeln bilden, kann man an ihnen gut den Umgang mit Stecklingen lernen. Bei gutem Licht wachsen die Ranken so schnell, dass man alle paar Monate neu loslegen kann. Hier bilden einige »Jade«-Ableger neue Wurzeln in Wasser.

②

Jeder Steckling braucht ein Blatt, einen Stiel und ein Stück der Hauptranke. An der Stelle, wo der Blattstiel an der Ranke ansetzt, ist ein braunes Knötchen zu sehen. Dort bilden sich die neuen Wurzeln. Wenn ich schnell ein paar Pflanzen haben möchte, bündele ich fünf bis sieben Stecklinge mit einem weichen Gummiband, stecke sie in ein Glas Wasser und stelle dies an einen hellen Ort ohne direkte Sonne. Im Laufe der Tage achte ich darauf, dass das Wasser immer klar bleibt. Mitunter wird ein Steckling gelb oder braun; so etwas muss entfernt werden. Nach wenigen Wochen wachsen aus dem braunen Knoten weiße Wurzeln. Sobald alle Stecklinge solche Wurzeln bilden, setze ich sie in einen kleinen Anzuchttopf (zehn Zentimeter) mit normaler Blumenerde. Das Gummiband sorgt dafür, dass die Stiele nicht kippen, bis die Wurzeln genug Halt geben. Ein paar Wochen später kann ich das Gummiband lösen. Jetzt stehen die Stiele aus eigener Kraft. Solche Jungpflanzen eignen sich gut, um kahle Stellen der Mutterpflanze in Bodennähe zu verdecken.

## Beobachtungen an der Efeutute

### Guttation

Der Wassertransport ist bei der Efeutute so ausgereift, dass sich nach gründlichem Gießen überschüssiges Wasser an den Blattspitzen sammeln kann. Solange die Pflanze gut wächst, ist das kein Hinweis, dass zu viel gegossen wurde.

### Das Totem

Wenn eine Efeutute auf einer rauen, etwas feuchten Oberfläche wachsen darf, zum Beispiel auf Rinde oder an einem Kokos-Rankstab, wird jedes Blatt größer als das vorherige. Probieren Sie es ruhig. Die Erfolgsaussichten sind davon abhängig, ob

genug Licht zur Verfügung steht und ob Sie es schaffen, die raue Oberfläche feucht zu halten.

## Goldene Efeutute

Bei ausreichend Wärme, Luftfeuchtigkeit und viel Regen kann eine Efeutute erstaunlich groß werden. Sie ist kaum wiederzuerkennen! Das hier ist eine *Epipremnum aureum* »Golden«.

## Pfeilwurz (*Maranta*)

*Maranta leuconeura* faltet ihre Blätter jeden Abend zusammen. Im Englischen heißt sie deshalb auch »Prayer Plant«. Die Blätter wachsen an den Enden gebogener Stiele, die über den Topfrand hängen. Deshalb wird die Pfeilwurz gern in Ampeln verkauft. Manche Menschen binden die Ranken zum Stehen hoch, aber das finde ich befremdlich. Jüngere Ranken bilden gelegentlich kleine Blüten an einem langen Blütenstand aus. Diese Blüten sind jedoch weniger interessant als die Blätter.

**Überlebensstrategie**

Zum Überleben braucht die Pfeilwurz nur wenig Licht, aber in eine dunkle Ecke gehört sie trotzdem nicht. Die Tageshöchstdosis sollte nicht unter 540 Lux betragen. Wenn Sie bei dieser Lichtzufuhr die Erde gerade eben gleichmäßig feucht halten, wird irgendwann die ganze Pflanze schlaff, weil ein erheblicher Teil des Wurzelsystems durch trockene Bereiche geschädigt ist. In diesem Fall müssen Sie die Erde sanft belüften und gründlich wässern.

**Wachstumsstrategie**

Ab einer täglichen Lichtzufuhr von mindestens 2100 Lux bildet die Pflanze regelmäßig neue Blätter. Farbunterschiede werden zwischen 3200 und 8600 Lux deutlicher. Ein bis zwei Stunden direkte Sonneneinstrahlung sind akzeptabel, nicht aber direkte Sonne den ganzen Tag über.

**LINKS:** Eine grüne Pfeilwurz (links) und eine *Calathea lancifolia* (rechts): Beide falten sich nachts zusammen. Calatheae haben ähnliche Ansprüche und werden oft neben Marantae gezogen.

**Bodenpflege**

Bei ausreichender Lichtmenge unterstützt ein gleichmäßig feuchter Boden das Wachstum. Sobald der Boden weitgehend trocken ist, erschlafft die ganze Pflanze. Dann sollte man schnellstens belüften, um trockene Bereiche aufzulockern, und die Pflanze danach gründlich wässern. Nach ein bis zwei Tagen sind die Blätter wieder prall und fest. Wenn die Pflanze neue Blätter bildet, können Sie ihr nach Packungsanweisung Flüssigdünger geben.

**Subjektive Lebensspanne**

Leider ist die Pfeilwurz anfällig für Schädlingsbefall. Das liegt vermutlich daran, dass die Stiele und Blattstrukturen kleine

Unebenheiten und Nischen aufweisen, in denen sich Ungeziefer verstecken kann, und dass der Pflanzensaft besonders attraktiv ist. Bisher musste ich alle meine Exemplare innerhalb eines Jahres wegen unbeherrschbarem Schädlingsbefall entsorgen.

## Die Pfeilwurz vermehren

① 
Einige frisch abgeschnittene Stiele zur Wurzelbildung in Wasser stecken.

② 
Die Schnittflächen müssen unter Wasser bleiben. Aus den Knospen (den Verdickungen am gebogenen Teil des Stiels) wachsen neue Wurzeln.

③ **2 Monate später**
Sobald die Wurzeln zwei bis drei Zentimeter lang sind, kann man die Stecklinge einpflanzen. Da sie in Wasser stehen, ist das jedoch nicht so eilig. Einige Stecklinge werden den Prozess nicht überstehen – das ist der Lauf des Lebens!

④ 
Wenn die älteren Blätter gelb werden, wirkt die zunächst buschige Pflanze innen kahl. Sinnvollerweise zieht man Stecklinge, solange sie noch prächtig aussieht. Dann hat man gleich Ableger mit frischen Wurzeln parat, um den Topf wieder zu füllen. Hier setze ich einen frischen Steckling in die Erde, damit es wieder schöner aussieht.

## Blätterpracht

**OBEN:** Neue Blätter sind anfangs fest zusammengerollt. Diese grüne Pfeilwurz, *Maranta leuconeura* var. *kerchoveana* weist ein ausgeprägtes Hell-Dunkel-Muster auf.

**OBEN RECHTS:** Junge Blätter der Maranta Tricolor (*Maranta leuconeura* var. *erythrophylla*) ähneln roten Geschenkpapierrollen!

**RECHTS:** Mitunter kann die Pfeilwurz interessante Farbmuster ausbilden.

## Beobachtungen an der Pfeilwurz

### 8 Monate

Das ist nicht der normale Standort. Diese Pflanze wartet gerade darauf, dass ich sie gründlich dusche, ohne den Fußboden zu überschwemmen.

### 10 Monate

Hier und da werden Blätter gelb. Erst wenn sie vollständig verfärbt sind, schneide ich sie ab.

Wenn ein älteres Blatt gelb wird, versucht die Pflanze, ihm rechtzeitig Nährstoffe wie Stickstoff, Phosphor und Kalium zu entziehen. Stören Sie sich nicht an der Übergangsphase und entfernen Sie das Blatt nicht vorzeitig.

Das Entsorgen alter Blätter ist Teil der Zimmerpflanzenpflege.

### 1 Jahr, 3 Monate

Thripsbefall! Zum Glück habe ich rechtzeitig Stecklinge genommen. Die Thripse berauben Stiele und Blätter ihrer Schutzschicht.

Die Blattunterseiten der Maranta sind offenbar der perfekte Lebensraum für Schädlinge wie Thripse (wie hier), Spinnmilben oder Schildläuse. Um meine übrigen Pflanzen zu schützen, habe ich diese Pflanze weggeworfen. Ein schönes Exemplar würde ich dennoch jederzeit wieder kaufen.

## Fidschi-Davallie *(Davallia fejeensis)*

Die Fidschi-Davallie *(Davallia fejeensis)* zählt zu den Hasenfußfarnen. Sie besticht durch ihre filigranen Wedel und das faszinierende Rhizom (das manch einen erschreckt und an Tarantelbeine erinnert). Am Ende ihres Lebens rieseln die Blättchen nicht einzeln herab, sondern der ganze Wedel wird langsam gelb und fällt schließlich komplett ab.

**Überlebensstrategie**
Dieser Farn scheint bei rund 1000 Lux überleben zu können. Bei so wenig Licht wächst er kaum und wirft eine Reihe Wedel ab, sollte aber immer noch ansprechend aussehen. Falls die Erde einmal vollständig austrocknet, muss man sie vor dem Gießen vorsichtig auflockern. Sonst werden die verfestigten Bereiche nie richtig nass. Verletzen Sie dabei bitte nicht das Rhizom.

**Wachstumsstrategie**
Ab 2200 Lux wirft der Farn seine Wedel nicht mehr so schnell ab. Jetzt dürfen Sie die Erde bedenkenlos gründlich durchnässen, sobald sie teilweise trockenfällt. Gelegentlich sollte der Boden belüftet werden. Wenn sich in Wachstumsphasen mehrere neue Wedel entwickeln, reicht ein Allzweckdünger aus.

**Subjektive Lebensspanne**
Bei ausreichend Licht können die Rhizome dieses Farns seinen Behälter nach einigen Jahren vollständig umwickeln. Möglich ist dann ein Teilen der gesamten Pflanze, oder man schneidet nur ein paar Stücke Rhizom ab und setzt sie in frische Erde.

## Rhizome

**LINKE SEITE:** Ältere Wedel werden allmählich etwas heller.

**OBEN LINKS:** Bei Farnen ist das Rhizom einfach eine horizontale Wurzel, die oberirdisch zur Seite wächst und mit neuen Wurzeln und neuen Wedeln eine neue Pflanze bilden kann. Ältere Davallien-Rhizome haben einen hellbraunen »Pelz«. Die jüngeren Triebspitzen sind weiß mit einem leicht grünlichen Einschlag.

**OBEN RECHTS:** Aus den behaarten Rhizomen wachsen hier junge Wedel. Anfangs sind sie dunkelbraun – das ist kein Krankheitszeichen.

## Eine Fidschi-Davallie umtopfen

Diese Davallie habe ich vorläufig in einen Anzuchttopf gepflanzt, bis ich weiß, welches Gefäß ihr interessantestes Merkmal, die behaarten Rhizome, optimal unterstreicht.

Ein Jahr später habe ich ein interessantes Glasgefäß für sie entdeckt. Ich entferne einen Teil der alten Erde und polstere die Schale von innen mit Sphagnum-Moos aus, weil sie keine Drainagelöcher hat.

Bei jedem Umtopfen sollte man etwas von der alten Erde aus dem Wurzelballen lösen, damit die Wurzeln sich bereitwilliger in die frische Erde ausbreiten.

Auspolstern mit Sphagnum-Moos.

Den Wurzelballen in die Mulde einsetzen.

**RECHTE SEITE:** Acht Monate nach dem Umtopfen: In meinem Bad bekommt diese Pflanze täglich bis zu 2150 Lux. Bei dieser Lichtintensität trocknet das Moos binnen einer Woche vollständig aus. Weil das Gefäß keinen Wasserablauf hat, gieße ich langsam eine Wassermenge von etwa einem Viertel bis einem Drittel des Moosvolumens hinein. Für die angemessene Durchfeuchtung des gesamten Mooses reicht das aus.

## Bogenhanf *(Sansevieria)*

Bogenhanf ist ein sehr beliebter, pflegeleichter Zeitgenosse Er bevorzugt trockenes Substrat, muss also wenig gegossen werden. Für Sammler gibt es unzählige Varianten, sodass sich die Freude über ein seltenes Exemplar mit der Robustheit einer zähen Pflanze paart.

### Überlebensstrategie

Bogenhanf gilt als pflegeleichte Schattenpflanze, weshalb man ihm gern einen Platz weitab vom Fenster zuweist. Ich definiere lieber: »Hungert bei weniger als 500 Lux formschön vor sich hin.« Bei einem solchen Standort sollte man die Erde nur leicht befeuchten und zwischendurch stets lange (über Wochen!) knochentrocken werden lassen. Hin und wieder dürfen Sie den Topf ins Wasser stellen, damit sich die Erde gründlich vollsaugt, und dann bei mindestens 3200 Lux eine Woche ans Fenster stellen. In dieser Zeit kann der Bogenhanf ein Stückchen wachsen, ehe er wieder vor sich hin darben muss.

**LINKS:** Familienbild der Sansevieria.

### Wachstumsstrategie

Bogenhanf akzeptiert einen breiten Bereich an Lichtintensität, weshalb er schnell einen Platz findet, an dem er gut wächst. Zwischen 1000 und 10.000 Lux ist er glücklich und zufrieden. An einem vollsonnigen Standort (über vier Stunden direkte Sonne) verblasst das Blattgrün allerdings mitunter. Besser ist daher helles, indirektes Licht.

### Bodenpflege

Eine Sansevieria speichert Wasser in ihren dicken Blättern. Deshalb darf der Boden zwischendurch immer wieder knochentrocken werden. Vor dem Gießen bitte das Substrat sanft auflockern, damit das Wasser sich möglichst gleichmäßig verteilt. Falls die Blätter runzlig erscheinen, steht dringend ein Tauchbad an. Da Bogenhanf mit längeren Trockenperioden gut zurechtkommt, entstehen häufig feste Erdklumpen, die schwer zu befeuchten sind. Einmal im Jahr empfiehlt sich daher ein Umtopfen. Das Substrat sollte Wasser gut ablaufen lassen. Empfehlenswert sind normale Pflanzenerde, gemischt mit grobkörnigem Sand, oder fertige Kakteenerde.

### Subjektive Lebensspanne

Frisch aus der Gärtnerei hat ein Bogenhanf (zum Beispiel die übliche hohe Variante *Sansevieria trifasciata Laurentii*) kräftige, breite schwertförmige Blätter. Nach einem oder zwei Jahren bei weniger als 1000 Lux wachsen neue Blätter oft weniger breit nach. Nach etlichen Jahren knicken die ältesten Blätter irgendwann teilweise unwiderruflich um, auch wenn man die Erde dann gründlich wässert. Wenn Ihnen dieser Anblick nicht gefällt, können Sie solche Blätter abschneiden.

**OBEN LINKS:** Schon in einem Meter Abstand von einem Nordfenster geht das Licht spürbar zurück. Dieser Bogenhanf bekommt keine 900 Lux. So kann er kaum wachsen, sieht aber viele Monate lebendig aus.

**OBEN RECHTS:** Ein Jahr später bin ich immer noch am Sammeln und wage mich an diverse Topfvarianten.

**LINKS:** Bogenhanf ist eine seit langem beliebte Zimmerpflanze. Einige Sorten gelten inzwischen als Liebhaberexemplare, da sie aktuell nicht kommerziell gezüchtet werden. Lassen Sie sich vom Einrichtungsstil nicht täuschen – dieses Foto stammt keineswegs aus den 1950ern.

## Bogenhanf als Bürokollege

Tag 1

Diese *Sansevieria trifasciata* war als Bürokollegin vorgesehen. Allerdings passte der Übertopf nicht über den üblichen Kunststofftopf.

Tag 21

Rosettenförmig sprießen neue Blätter. In etwa einem Jahr wird hier alles voll neuer Blätter sein!

Die jungen Bogenhanfblätter entstehen durch unterirdische Ausläufer, die so lange horizontal wachsen, bis sie gegen ein Hindernis stoßen oder ab einer gewissen Länge von selbst nach oben wachsen.

### 3 Monate

Ein breites Fensterbrett mit freiem Blick zum Himmel ist für einen Bogenhanf ideal. Dieses Fenster weist zwar nach Süden, aber die hohen Gebäude blockieren die Sonne in den kälteren Monaten, in denen diese mittags nicht so hoch steht.

### 2 Jahre

Ich bekam einen hübschen neuen Übertopf geschenkt, der gut für meine Bürofreundin geeignet war. Damit er gut passte, musste ich den Rand des Kunststofftopfes zurückschneiden.

In ihrem neuen Topf kommt die Sansevieria besser zur Geltung. Ihr Standort am Fenster hat viel Wachstum angeregt und den Topf mit Blättern angefüllt. Ich frage mich, ob sie jemals blühen wird.

### 3 Jahre

Nach drei Jahren die Überraschung: Ein Blütenstand!

Bogenhanfblüten haben einen starken Duft. Zum Glück steht kein Schreibt sch in unmittelbarer Nähe.

## Bogenhanf vermehren

①
Etwa ein Jahr nachdem ein Bogenhanf seine endgültige Größe erreicht hat, beginnt die Ablegerbildung. Sobald die Jungpflanzen ein Drittel so groß sind wie die Mutterpflanze, kann man sie abtrennen.

②
Mutterpflanze mit Töchtern: *Sansevieria trifasciata* »Hahnii« bildet eine kompakte Rosette.

③
*Sansevieria trifasciata* »Hahnii« in verschiedenen Entwicklungsstadien. Die Vermehrung funktioniert auch über Blattstecklinge: Die Schnittfläche des Blatts in Wasser oder auf feuchten Sand setzen. Nach einiger Zeit (mitunter Monaten!) entsteht eine neue Rosette. Ich habe das nie ausprobiert, weil Bogenhanf sehr langsam wächst und in der Regel jederzeit preisgünstig vor Ort zu kaufen ist.

④
Blätter, die in der Gärtnerei gewachsen sind, sind breit, straff und schwertförmig. Nach etwa einem Jahr wachsen junge Blätter aus Rosetten im Boden. Diese blassgrüne Variante heißt »Moonshine«.

## *Sansevieria masoniana* (Walflosse)

**① Tag 1**
*Sansevieria masoniana*, oder Bogenhanf »Walflosse«, ist eine Augenweide. Es heißt immer, Bogenhanf wachse langsam, doch die Entwicklung eines neuen Blatts dauert nicht lange. Zwischendurch scheint allerdings immer monatelang gar nichts zu passieren. Diese Spitze tauchte eine Woche nach dem Erwerb der Pflanze auf – wahrscheinlich war einfach gerade der richtige Zeitpunkt gekommen.

**② 6 Tage später**
Das neue Blatt ist doppelt so lang: Von zwei Finger hoch auf vier Finger hoch.

**③ 20 Tage später**
Jetzt ist es schon ein Drittel so hoch wie die Mutterpflanze.

**④ 27 Tage später**
Halb so groß wie die Mutter!

**⑤ 40 Tage später**
Falls Sie sich wundern: Die linke Pflanze ist eine *Sansevieria trifasciata* »Bantel's Sensation«.

**⑥ 64 Tage später**
Ich liebe den Anblick dieses frisch entfalteten Blatts. Was für ein Muster! Jetzt könnte man die zwei Blätter in einzelne Töpfe setzen, aber gemeinsam ähneln sie noch mehr zwei Walflossen.

## Geweihfarn *(Platycerium)*

Mein spezieller Freund *Platycerium bifurcatum* hat wie alle Geweihfarne der Gattung Platycerium zwei Hauptbestandteile: fruchtbare Wedel, die entweder herabbaumeln oder aufrecht stehen wie erhobene Hände, und das sterile Schildblatt, das den Übergang zur Wurzel wie eine Kuppel überzieht. Bei günstigen Wachstumsbedingungen entwickeln sich an der Unterseite der fruchtbaren Wedel dunkelbraune Flecken. Das sind die Sporen. Wenn das Schildblatt braun wird, sollte man sich keine Sorgen machen. Während der Wachstumsphasen bildet die Pflanze alle paar Monate ein neues Schildblatt.

**Überlebensstrategie**
An dieser Stelle möchte ich Michael Jackson zitieren: »Wer ein Kind nicht ernähren kann, sollte keines bekommen.« Oben an der Wand herrschen meist schlechte Lichtbedingungen mit unter 1000 Lux. Widerstehen Sie bitte dem Drang, Ihren Geweihfarn fernab vom Fenster über der Couch zur Schau zu stellen.

**Wachstumsstrategie**
Ab 3200 Lux gedeiht ein Geweihfarn gut. Optimal ist ein großes Fenster oder Dachfenster mit Tageshöchstwerten von 5500 bis 6500 Lux. Ein Geweihfarn möchte möglichst viel Himmelslicht ohne direkte Sonne (maximal eine bis zwei Stunden direkte Sonne am Tag).

Geweihfarn wächst problemlos im Topf, aber hängend montiert kommt er erst richtig zur Geltung.

**LINKS:** Eine neue Lieferung Geweihfarne. Vielleicht nehme ich einen mit und montiere ihn (mehr dazu gleich).

**UNTEN:** Ein Geweihfarn im Topf (auf einem hohen Podest, wie es sich gehört).

**Bodenpflege**
Im Topf verwendet man für einen Geweihfarn klassische Zimmerpflanzenerde (Torf, Perlit, vielleicht etwas Kompost). Regelmäßig belüften und gleichmäßig feucht halten. An einem Brett (mehr dazu gleich) und auf einer Schicht Sphagnum-Moos wird die im Vergleich zu Erde erhöhte Speicherfähigkeit des Mooses durch verstärkte Verdunstung ausgeglichen, weil das Substrat stärker der Luft ausgesetzt ist. Tasten Sie das Moos zur Beurteilung einfach ab: Sobald die äußeren Bereiche spröde werden, muss es befeuchtet werden. Warten Sie bitte nicht, bis die ganze Moosschicht sich wie ein trockener Schwamm anfühlt. Das Moos sollte vor dem Befeuchten mit sanftem Druck aufgelockert werden, denn es neigt zur Verhärtung und zieht sich dann stark zusammen. In manchen Pflegeanweisungen wird dazu geraten, das gesamte Brett in der Badewanne einzuweichen, aber das ist unnötig aufwändig. Bei einem kleineren Sphagnum-Hügel setzen Sie die montierte Pflanze in ein großes Waschbecken oder die Badewanne und begießen das Moos, bis es sich vollständig vollgesaugt hat. Danach darf die Pflanze ein paar Stunden abtropfen, ehe sie wieder an ihren Dauerplatz zurückkehrt. Ob die Wedel dabei nass werden oder nicht, ist nebensächlich. Es kommt nur darauf an, dass das Substrat gleichmäßig durchfeuchtet wird. Mein eigenes Exemplar dusche ich abends ab und lasse es über Nacht abtropfen. Am nächsten Tag kann ich es dann wieder an die Wand hängen. Sobald neue Wedel wachsen, dürfen Sie düngen.

**Subjektive Lebensspanne**
Geweihfarn ist langlebig und zeichnet sich durch die ständige Neubildung und das Absterben von alten Wedeln aus. Ältere fruchtbare Wedel werden zunächst irgendwo in der Blattmitte gelb. Von dort aus breitet sich die Gelbfärbung auf den ganzen Wedel aus. Am Ende kann man den gelben Wedel am Ansatz herauszupfen. Bei meiner Pflanze, die unter einem Dachfenster wächst, hat sich nach drei Jahren ein Gleichgewicht eingestellt: Sie bildet jedes Jahr drei bis fünf neue sporentragende Wedel und verliert parallel dazu ebenso viele alte. Der sterile Wedel (das Schildblatt oder Mantelblatt) über Rhizom und Wurzeln ist stoßempfindlich. Sobald dieser Schild die gesamte Grundfläche bedeckt, wird er braun. Das ist ein natürlicher Prozess. Unter günstigen Bedingungen bildet ein Geweihfarn Ableger, die man entweder gemeinsam weiterwachsen lässt oder durch Wurzelteilung abtrennt.

## Beobachtungen am Geweihfarn

**Tag 1**
Diesen hübschen Geweihfarn habe ich in einem 15-Zentimeter-Topf erworben. Das Schildblatt war leicht beschädigt. Das galt aber für die gesamte Lieferung. Ich hatte alle Pflanzen genau durchgesehen.

## 1 Monat

Zeit zum Montieren! Dazu habe ich Folgendes verwendet:

**Holzbrett:** Im Baumarkt fand ich unbehandelte Regalbretter aus Pinienholz. Eines habe ich passend zugesägt und mit ungiftigem Lack überzogen, um es vor der Dauerfeuchtigkeit des Sphagnum-Mooses zu schützen.

**Wurzelvlies:** Ich hielt es für sinnvoll, zwischen dem Brett und dem Moos eine Sperre einzurichten.

**Kunststoffgitter:** Das Gitternetz habe ich körbchenförmig an das Brett getackert. Etwas größer wäre wahrscheinlich besser gewesen.

**Sphagnum-Moos:** Meiner Erfahrung nach muss man die Farnwurzeln richtig fest darin einwickeln.

**Stabile Schrauben und Drähte zum Aufhängen:**
Wenn die Aufhängung montiert ist, kann ich mir überlegen, wo ich diese Pflanze präsentieren will.

Beim Befestigen des Farns wird das vorhandene Schildblatt in jedem Fall beschädigt, das ist unumgänglich.

Beim Entnehmen der Pflanze bestätigte sich meine Vermutung: Es waren zwei Stück!

Zum Aufhängen habe ich aus Kunststoffgitter Körbe geformt und an ein Brett getackert. Rückblickend war das nicht so schlau, aber dazu kommen wir noch. Zwischen Körbchen und Brett habe ich jeweils ein Stück Wurzelvlies angebracht. Beim Betrachten der Körbe war klar, dass ich viel von dem bisherigen Substrat um die Wurzeln entfernen musste, um die Schicht Sphagnum-Moos mit dem Ballen einzusetzen. Ich habe die Wurzeln so fest wie möglich mit Moos umwickelt und dann das Körbchen darum geschlossen.

Fertig! An der Wand hängt der Farn bisher noch nicht. Er steht oben auf dem Badezimmerregal, wo er durch das Dachfenster Licht bekommt. Zum Gießen stelle ich ihn auf diese Wanne (mit Löchern im Deckel), um das Moos immer dann komplett mit Wasser zu tränken, wenn es fast vollständig trocken ist. Sphagnum-Moos ähnelt in dieser Hinsicht einem Schwamm: In trockenem Zustand ist es hart und brüchig.

### 3 Monate

Ein neuer Schildwedel keimt.

### 4 Monate

Das Kunststoffgitter war tatsächlich keine gute Idee, denn das Schildblatt wächst fest anliegend um den Mooshügel herum und hat sich hier leider gegen das Gitter gedrückt. Mit einer kleinen Operation habe ich Gitterstückchen entfernt, aber das Schildblatt reagiert auf Druck so empfindlich wie ein Pfirsich. Andererseits zeugen solche Narben vom Charakter der Pflanze.

### 5 Monate

Ein frisches Schildblatt beginnt zu wachsen.

### 1 Jahr nach der Montage

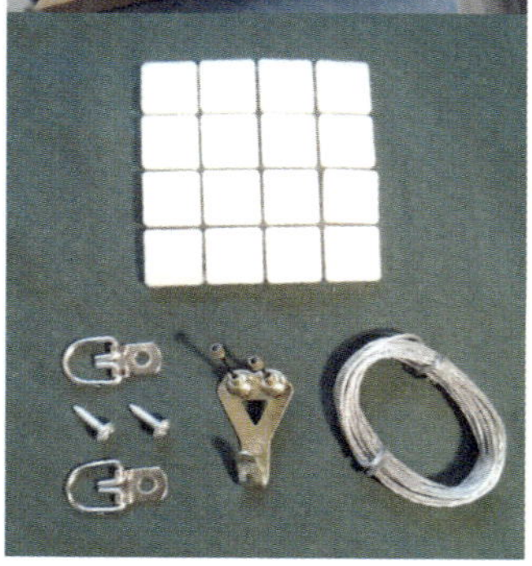

Endlich hängt das Brett an der Wand. Verwendet habe ich klassisches Bildaufhängungsmaterial: Klappösen, Holzschrauben und Draht. Der Haken an der Wand trägt 22 Kilogramm.

Bei dieser Größe war es zum Gießen am sinnvollsten, das ganze Brett in die Dusche zu stellen und mit lauwarmem Wasser abzuduschen. Danach durfte die Pflanze über Nacht dort abtropfen, ehe sie am nächsten Tag wieder an die Wand kam.

### 2 Jahre nach der Montage

Der Geweihfarn ist erwachsen geworden: Der fusselige braune Fleck an der Unterseite des langen Wedels zeugt von Sporen!

## 2 Jahre, 4 Monate

Trotz der Enge beginnt der Farn, Ableger zu bilden. Da ich weiß, wie groß sie werden können, möchte ich die Pflanze sicherheitshalber mit einer größeren Portion Sphagnum-Moos versorgen.

Neumontage: Die Wurzeln des Farns sind trotz der Oberflächenbehandlung ins Holz vorgedrungen. Diesmal verzichte ich auf den Lack.

Bei der Neumontage umwickele ich das Sphagnum-Moos mit Jute und tackere diese fest.

Die Pflanze habe ich mit Bindfaden an ihr neues Moosbett gebunden. Einen Geweihfarn zu montieren, ohne das vorhandene Schildblatt zu beschädigen, ist unmöglich, egal wie viel Mühe man sich gibt.

Vertrauen Sie darauf, dass der nächste Schildwedel über den Faden wächst. Das sind die Babys. Sie haben jetzt reichlich Moos, um Wurzeln zu bilden.

Die frisch befestigte Trophäe kehrt an ihren Standort zurück.

## 2 Jahre, 8 Monate

Erinnern Sie sich an die winzigen Farne, die seitlich herauswuchsen? Sie saßen so dicht nebeneinander, dass nur einer einen fruchtbaren Wedel ausbilden konnte.
Die anderen wurden begraben.

## 3 Jahre nach der Montage

Der Geweihfarn hat prächtige Wedel gebildet, die an ein Gehörn erinnern, und wird so seinem Namen gerecht.

Leuchterblume *(Ceropegia woodii)*

Mitunter ist eine bestimmte Pflanzenart schwer aufzutreiben, weil Gärtnereien ständig neue Arten anbieten. Zum Glück kann man sich über das Internet leicht mit anderen Pflanzenfreunden in Verbindung setzen, die mit Ablegern in der Regel großzügig sind. Der Ablegertausch gehört zu den vergnüglichen Seiten der Zimmerpflanzenmanie, auch wenn es gar nicht so leicht ist, die Kunst der Vermehrung zu erlernen. Man braucht Geduld, um übereilten Erwartungen zu widerstehen.
In diesem Kapitel erkläre ich die Vermehrung der Leuchterblume, einer Rankenpflanze, die ich mir sehnlichst gewünscht hatte und schließlich über Ableger heranziehen konnte.

**Überlebensstrategie**
Bei weniger als 2000 Lux Tageslicht-höchstmenge kann die Leuchterblume zwar überleben, doch das Blattmuster bleicht mit der Zeit aus, und der Abstand zwischen den Blattpaaren wird größer, bis die Pflanze ziemlich kläglich wirkt. Sie sollten die Erde gründlich wässern, sobald sie völlig trocken ist.

**Wachstumsstrategie**
Sobald die Leuchterblume täglich ein bis zwei Stunden direkte Sonne empfängt und ansonsten indirektem Licht zwischen 4300 und 8600 Lux ausgesetzt ist, wachsen die Ranken munter, und die Musterung ist ausgeprägt. Bitte Vorsicht beim Belüften vor dem Gießen, denn die Leuchterblume bildet pralle Wurzelknollen. Sobald das Substrat vollständig austrocknet, sollte man den Topf gründlich gießen oder in Wasser tauchen. Während aktiver Wachstumsphasen mit einem normalen Zimmerpflanzendünger nach Anweisung düngen.

**Subjektive Lebensspanne**
Von einer Leuchterblume kann man unentwegt Ableger zum Tauschen nehmen, oder man zieht über viele Jahre eine sehr lange Ranke heran. Eine Augenweide ist sie in jeder Länge!

**LINKS:** Stecklinge der Leuchterblume in Wasser

## Leuchterblumen vermehren

### Tag 1

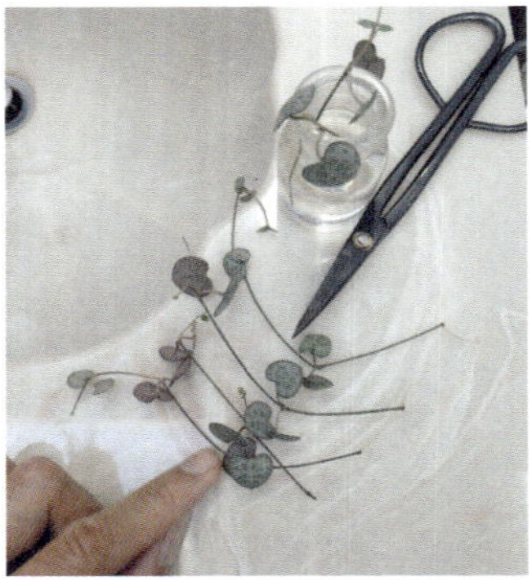

Diese Stecklinge habe ich unmittelbar über der Knospe abgeschnitten, und sie haben Wurzeln getrieben. Noch sicherer ist der Erfolg, wenn man sie unterhalb der Knospe abschneidet und dort die Blätter abtrennt, die sonst im Wasser schwämmen. Auf diese Weise lassen sich auch andere Rankenpflanzen vermehren, zum Beispiel Efeutute, Philodendron, Fensterblatt oder Efeu. Einfach ausprobieren!

Die Schnittenden ins Wasser stecken. Das Glas soll nicht direkt in der Sonne stehen. Sobald alle Stecklinge weiße Wurzeln gebildet haben, kann man sie einpflanzen. In der Regel dauert das maximal vier Wochen. Lassen Sie die Stecklinge ruhig im Wasser, bis Sie Zeit finden, sie umzusetzen.

Nehmen Sie den kleinsten Anzuchttopf mit Löchern, der zur Hand ist, und lockere, gut wasserdurchlässige Erde. Ich habe Torf mit Perlit gewählt. Den Topf mit dem Substrat füllen und etwas festdrücken, damit die Stecklinge nicht umkippen, ehe sie fest verwurzelt sind. Ich gruppiere die Stiele gern bündelweise in gleichmäßigem Abstand. Die Löcher bohre ich mit einem Essstäbchen. Die Stecklinge dürften nicht herausfallen, wenn Sie das Wurzelende so lang wie möglich gelassen haben.

Und warum nehme ich nicht einfach ein Sträußchen und stecke das in die Erde? Das wäre zu beengt. Und für einen Steckling pro Topf hat niemand die Muße. Sobald alle eingepflanzt sind, wird gründlich – aber vorsichtig! – gegossen. Hier darf die Gießtülle zum Einsatz kommen.

### 2 Monate nach dem Einpflanzen

Diese Pflanze genießt helles, indirektes Licht an einem Ostfenster. Tagsüber habe ich hier bis zu 3200 Lux gemessen. Das bedeutet, dass die Pflanze erst Wasser braucht, wenn die Erde trocken ist.

### 3 Monate nach dem Einpflanzen (rechts)

Wenn ich eine dichtere Pflanze haben wollte, könnte ich die Vermehrung jetzt wiederholen. Mir kommt es bei der Leuchterblume jedoch auf die baumelnden Ranken an, und das macht diese hier großartig!

## Glücksfeder *(Zamioculcas zamiifolia)*

Die Glücksfeder oder Zamie ist eine Sukkulente für lichtarme Standorte, die mit ganz unterschiedlichen Lichtmengen und Bodentypen zurechtkommt. Mich fasziniert an ihr, wie die Knospe langsam zum erwachsenen Wedel heranwächst. Zamien wachsen langsam – rechnen Sie pro Jahr mit nur zwei bis drei derartigen Knospen. Daher lohnt es sich, schon beim Kauf auf ein paar ungeöffnete Blattansätze zu achten, damit man in den nächsten Monaten etwas Interessantes beobachten kann.

### Überlebensstrategie

Die Glücksfeder ist eine typische »Schattenpflanze«. Bei weniger als 550 Lux verhält sie sich allerdings eher wie eine grüne Statue. Da das knollige Ende des Stiels reichlich Wasser speichern kann, darf die Erde monatelang trocken bleiben. Rechnen Sie dennoch damit, dass Sie irgendwann einige kleinere Blätter abschneiden müssen, weil sie gelb werden. Etwas aufhalten können Sie diesen Prozess durch gelegentliches Belüften. Bei so wenig Licht müssen Sie häufiger belüften als gießen! Hin und wieder gießen Sie, bis das Substrat sich völlig vollgesaugt hat. Danach tut es der Pflanze gut, wenn sie ein paar Tage am Fenster stehen und das Wasser gut verwerten kann. Vielleicht lassen Sie dann doch Gnade walten und weisen ihr einen Fensterplatz zu, wo sie sich richtig entfalten kann.

**RECHTS:** Diese Fotos einer wachsenden Knospe zeigen die Entwicklung an einem hellen Standort innerhalb von drei Monaten. Tagsüber herrschten bis zu 4300 Lux, und die Sonne blinzelte bis zu einer Stunde zwischen den Häusern hindurch.

**OBEN:** Die Triebe der Zamie verzweigen sich nicht. Mit Abschneiden kann man also keine zusätzliche Triebbildung anregen.

**RECHTS:** Wenn die Pflanze wächst, werden einige Stiele gelb. Warten Sie mit dem Abschneiden, bis sie komplett verfärbt sind.

### Wachstumsstrategie

Das Lichtoptimum für gutes Wachstum liegt bei einer Zamie zwischen 1000 und 10.000 Lux. Je höher die Lichtintensität, desto schneller wird das Substrat knochentrocken. Dann sollten Sie ihr Wasser geben. Kompakte Erde macht der Glücksfeder wenig aus. Vorsichtiges Auflockern bei jedem zweiten Gießen reicht ihr. Stochern Sie nicht zu dicht an den Stielen herum, damit Sie die dicken Rhizome unter der Erde nicht verletzen. Wenn mehrere neue Triebe auftauchen, dürfen Sie gern düngen, um sie zu unterstützen.

### Subjektive Lebensspanne

Bei geringer Lichtzufuhr ähnelt die Glücksfeder einer grünen Statue. Sie wächst kaum, vergeht aber auch nicht. Bei hellerem Licht erscheinen neue Triebe, und ältere machen schlapp. Was gelb oder braun wird, wird abgeschnitten. Gesunde Knollen bilden weiterhin Triebe. Dabei tut es der Pflanze gut, wenn man alle paar Jahre frische Erde auffüllt.

## Beobachtungen an der Glücksfeder

**Tag 1**

Diese Pflanze habe ich gewählt, weil sie zwei junge Schösslinge hatte, die ich in den Folgemonaten beobachten wollte. Die Steine fand ich dekorativ, habe später beim Umtopfen aber keine mehr verwendet.

**2 Monate**

Wenn aus den Drainagelöchern Wurzeln wachsen, wird es Zeit, die Wurzelsituation im Topf zu prüfen …

… hier haben sich die Wurzeln komplett über den Boden geschlungen und füllen den Bereich aus, in dem Erde sein sollte. Das bedeutet: Umtopfen bitte!

**6 Monate**

Da ich meine Glücksfeder-Kollektion erweitern wollte, reagierte ich auf eine Kleinanzeige für zwei »gestandene« Exemplare. Bei genauerer Untersuchung war das Substrat normaler Gartenboden. Für eine Zamie ist das viel zu dicht und speichert zu viel Wasser. Beim Umtopfen stellte ich fest, dass die Stiele nicht einmal Wurzeln hatten! Ich wagte einen Rettungsversuch und stellte sie in einer Ecke im Bad unter dem Dachfenster ins Wasser.

**10 Monate**

Erfolg! Nach vier Monaten im Wasser hatten fast alle Stängel eigene Rhizome gebildet. Jetzt kann man sie umsetzen. Ich habe sie mit meiner bisherigen Glücksfeder in einen großen, neuen Topf gepflanzt.

**1 Jahr, 4 Monate**

Die neu zusammengestellte Pflanze wirkt zufrieden. In meinem Bad bildet sie bei 1000 bis 2000 Lux regelmäßig neue Triebe. Bei dieser Lichtmenge gieße ich ungefähr einmal im Monat, ohne einen genauen Zeitpunkt zu beachten.

**2 Jahre, 4 Monate**

Viele der älteren Triebe werden schlapper. Deshalb habe ich sie an einem Bambusstab hochgebunden. Wahrscheinlich steht das nächste Umtopfen an.

## Danksagung


**Vielen Dank an alle, die mich zum Fotografieren in ihre vier Wände ließen und mit mir über Pflanzen sprachen:**

Jeannie Phan
*@studioplants*
Jesse Gold
*@teenytinyterra*
Summer Rayne Oakes
*@homesteadbrooklyn*
Justine Jeannin
*@sweetyoxalis*
*@whattheflower_paris*
Jacqueline Zhou
*@houseplantgal*
Melissa Lo
*@melissamlo*
Nikhil Tumne
Joseph R. Goldfarb & Alisa G. Davis
*@joe.t.o, @whut.club*
Claire Kurtin
*@cla1revoyant*
Jacqueline Chan
Nancy & Edwin Chan
Carina Chan
Elspeth & Blake Gibson
Violet Sae & Eric Fahn
Susan & Wing Kee
Ashley & Andrew Cheng
Angela & Eric Lee
Orissa Leung
Yoyo Yick

**Danke an die Unternehmen und Organisationen, die mich in ihren Räumen fotografieren ließen:**

Accedo (Niederlassung Toronto)
*@accedotv*
Dynasty
*@dynastytoronto*
Northside Espresso + Kitchen
*@northsideespresso*
St. Christopher's Anglican Church
*@stchrisanglicanchurch*
The Sill
*@thesill*
Valleyview Gardens
*@valleyviewgardens*

**Viele meiner Pflanzen habe ich gekauft, aber etliche Anbieter haben mir auch Probeexemplare zur Verfügung gestellt. Danke für die Pflanzen in diesem Buch an:**

Valleyview Gardens
*@valleyviewgardens*
Dynasty
*@dynastytoronto*
Crown Flora Studio
*@crownflora*
Urban Gardener TO
*@urbangardenerto*
Sheridan Nurseries
*@sheridannurseries*
Costa Farms
*@costafarms*
Filtrum Miami
*@filtrum.miami*
The Sill
*@thesill*

**Zimmerpflanzen sind im Trend, und damit boomt auch der Markt für elegante, innovative Produkte, die man gern benutzt. Vielen Dank für die hübsche Auswahl:**

Haws Watering Cans
*@hawswateringcans*
Things by HC, Hilton Carter
*@hiltoncarter*
The Sill
*@thesill*
Homebody Collective
*@homebody.collective*
Modernica
*@modernica*
Concept Modern
*@eames_addicted*
Forage & Lace
*@forageandlace*
Beautifully Tarnished
*@beautifully_tarnished*
Gardener's Supply Company
*@gardeners*
Lee Valley
*@leevalleytools*
HPJ Watering Can & Soil Aerator
*@houseplantjournal*

## Mein besonderer Dank gilt:

**Soumeya B. Roberts:**
Danke, dass du mich kontaktiert und als Erste mein Potenzial als Autor gesehen hast. Ich weiß zu schätzen, wie geschickt du mich durch den gesamten Prozess geleitet hast.

**Eric Himmel:**
Du bist ein fantastischer Lektor, und deine unbeirrbare Unterstützung hat mich durch alle Höhen und Tiefen des Schreibprozesses begleitet. Dir und dem Team bei Abrams, Shawna Mullen, Lisa Silverman, Danielle Youngsmith und Katie Gaffney: Danke für alles.

**Jeannie Phan:**
Es war ein echtes Vergnügen, mit dir als Kollegin & Zimmerpflanzenbloggerin zusammenzuarbeiten. Deine Illustrationen erwecken Schlüsselkonzepte zum Leben.

**Sebit Min:**
Du hast dafür gesorgt, dass Worte und Bilder perfekt harmonieren. Danke für deine wunderbare Arbeit!

**Larry Varlese & dem *Valleyview Gardens*-Team:**
Ihr habt mein Blog House Plant Journal von Anfang an unterstützt. Danke, dass ihr mich durch das Treibhaus geführt und mich mit so vielen Pflanzen versorgt habt.

**Eliza Blank & dem Team von *the Sill***
Es war so wunderbar bei euch! Danke, dass wir ein paar Tage bei euch hineinschnuppern durften. Meinen Durchbruch bei Instagram verdanke ich definitiv eurer damaligen Präsentation vor all den Jahren.

**Ricardo Sabino:**
Dir danke ich für die gemeinsame Entwicklung der Lichtmessungsapp. Dank deiner harten Arbeit werden viele sich ihren Pflanzen stärker verbunden fühlen, das weiß ich!

**Mom (Violet Sae) & Eric Fahn:**
Danke, dass ihr mir das Zuhause gegeben habt, in dem @houseplantjournal begonnen hat. Danke für eure Liebe, eure Unterstützung und eure Toleranz angesichts meines Zimmerdschungels. Mom, ich danke dir, dass du mir immer wieder zugehört hast, wenn ich laut über dieses Buch nachgedacht habe, und dass du mir alles über das Gärtnern im Freien beigebracht hast.

**Jacqueline Chan:**
Alle Einzelheiten aus diesem Buch hast du vermutlich schon zigmal gehört. Danke, dass du immer für mich da bist. Ohne deine Liebe und deinen Ansporn hätte ich das nicht geschafft. Ich liebe dich so sehr, mein Schatz!

***Darryl Cheng***

# Register

S



T



U



V



W



Z